기독교문서선교회 (Christian Literature Center: 약칭 CLC)는 1941년 영국 콜체스터에서 켄 아담스에 의해 시작되었으며 국제 본부는 미국 필라델피아에 있습니다.
국제 CLC는 약 650여 명의 선교사들이 59개 나라에서 180개의 서점을 운영하며 이동 도서 차량 40대를 이용하여 문서 보급에 힘쓰고 있으며 이메일 주문을 통해 130여 국으로 책을 공급하고 있는 국제적 문서선교 기관입니다.

인생훈련

레이몬드 에드만 지음
권성수 옮김

CLC

THE DISCIPLINES OF LIFE

By

V. Raymond Edman, Ph.D., LL.D.

Translated by

Sung-Su Guon Th.M., Th.D.

1993
Christian Literature Center
Seoul, Korea.

머리말

우리가 살고 있는 이 시대는 풍기가 문란한 시대이다. 예전의 기강이 무너지고 사회의 기초가 흔들리고 있는 것 같다. 가정의 기초도 무너지고 소위 새로운 심리학이 등장하여 "부모들아, 너희 자녀에게 순종하라!"고 가르치고 있다. 학교의 기강도 흔들리고 교훈 어쩌고 저쩌고 하면 학생들은 아예 고개를 흔들고 무시해 버린다. 소위 "진보교육"이라는 것이 생겨서 어린아이에게 손위 사람의 의지를 강요하면 그의 인격을 망쳐버리게 한다고 가르치고 있다. 예전의 학과목들, 이를테면 수학, 고전어, 문법 등이 무시되고 있다. 그런 것들은 케케묵은 쓸데없는 것들이라는 것이다. 무엇보다도 통탄스러운 것은 신앙훈련을 율법주의라고 조롱해 버리는 것이다. 성경을 모르는 젊은 세대들은 아예 신앙이 무엇인지도 모르고 있다. 신앙인격은 훈련을 통해서만 올 수 있다. 마음과 몸과 영혼의 훈련이 필요하다. 훈련이 없으면 가정이 파탄에 이르고 학교의 기강이 사라지고 교과서도 엉망진창으로 쓰여질 것이고 성경도 무시해 버리고 말 것이다. 휘튼 대학에서는 생활훈련을 시키고 있는데 그 지침을 이 책에 실었다. 휘튼의 "씩씩한 아들들과 귀여운 딸들에게" 미국의 모범적인 시민들이 되고 특히 십자가의 정병들이 되도록 훈련시키는 훈련교범이라고도 할 수 있다. 이 훈련교범이 독자에게도 유익을 줄 것을 믿어 의심치 않는다.

V. R 에드만

역자 서문

『인생훈련』이란 본서의 저자 에드만 박사는 에콰도르에서 선교하시다가 후에 본국으로 귀국하여 미국의 명문 기독교 대학인 휘튼 대학의 학장을 역임한 분이다. 그는 철학박사, 법학박사로서 최고의 지성인이었지만 주님에 대한 깊은 신앙과 성경에 대한 해박한 지식으로 본서를 썼다.

자유를 외치면서 방종하고 방탕한 현대인들에게 기독교적인 인격 훈련을 강조하고 훈련세목을 성경적으로 잘 정리하여 소개한 본서는 평신도나 신학생이나 교역자들에게 필독서로 권할 만한 책이다. 본서를 읽고 씹어 소화시키면서 자신의 인격을 다듬어 나간다면 하나님의 영광을 더욱더 드러낼 수 있고 혼탁한 세상에 시원한 생수를 공급할 수 있을 것이다.

본서를 번역하면서 저자의 풍부한 어휘와 문학적인 문장에 감탄하지 않을 수 없었다. 주옥 같은 내용과 문학적인 표현은 본서를 은쟁반 위의 금사과처럼 아름다운 명저로 만들기에 충분했다. 그러나 역자의 실력이 부족해서 저자의 두운 맞추기(alliteration)를 한글로 정확하게 번역하지 못했음을 솔직히 인정하고 독자들에게 미안하게 생각한다.

여기까지 도우시고 나의 인생을 맡아 주장하시고, 지금도 사막과 같은 인생 훈련터에서 하루하루 주님을 의지하고 살며, 매일 자신을 죽이고 주님을 나타내며 사람의 눈보다 하나님의 눈을 더 의식하고 살도록 훈련시키는 사랑하는 주님의 훈련을 받으면서 깊은 공감으로 옮긴 본서가 읽혀지는 곳마다 주님의 영광이 더욱더 나타나기를 바라며, 본서를 한국교계에 소개한다.

1984년 8월 27일
영국 캠브리지에서
권 성 수 識

목 차

머리말
역자 서문

1. 제자훈련 ·· 9
2. 위험의 훈련 ·· 17
3. 담력의 훈련 ·· 25
4. 어둠의 훈련 ·· 35
5. 결단의 훈련 ·· 43
6. 노년의 훈련 ·· 51
7. 수치의 훈련 ·· 61
8. 변명의 훈련 ·· 69
9. 기형의 훈련 ·· 77
10. 지연의 훈련 ·· 85
11. 기쁨의 훈련 ·· 93
12. 신뢰성의 훈련 ·· 101
13. 욕망의 훈련 ·· 111
14. 황야의 훈련 ·· 123
15. 절망의 훈련 ·· 131

16. 구두점의 훈련 ·································· 139
17. 의지의 훈련 ······································ 147
18. 고통의 훈련 ······································ 153
19. 역경의 훈련 ······································ 161
20. 실망의 훈련 ······································ 169
21. 분별의 훈련 ······································ 177
22. 불만의 훈련 ······································ 183
23. 멸시의 훈련 ······································ 191
24. 질병의 훈련 ······································ 199
25. 환멸의 훈련 ······································ 207
26. 명예의 훈련 ······································ 213
27. 태만의 훈련 ······································ 221
28. 지도자의 훈련 ·································· 229
29. 의심을 이기는 훈련 ························ 239
30. 인종의 훈련 ······································ 247
31. 의무의 훈련 ······································ 257

1

제자훈련

"아무든지 나를 따라오려거든"(눅 9:23).

주께 구하였네

나는 주께 구하였네.
믿음과 사랑과 모든 은혜 속에 자라기를,
주의 구원을 좀더 알고
주의 얼굴을 더 간절히 사모하기를
나는 주께 구하였네.

나는 바랐네, 내가 원하는 시간에
내 요구에 즉시 응답하시기를,
주의 강권적인 사랑의 능력으로
나의 죄를 정복시키고 평안하게 하기를
나는 소망하였네.

주님은 그 대신 내 맘의 숨긴
죄악을 느끼게 하셨고,
지옥의 성난 세력이 사방에서
나를 공격하게 내버려두셨네.

거기에다 주의 손으로 내 고통을
더하게 하시려는 것처럼 보이고,
내가 짜놓았던 모든 좋은 계획들을,
모조리 십자가에 못박고
내 조롱박을 부수어 버리고 나를 넘어뜨리셨네.

"주님, 어인 일입니까?" 나는 울며 소리쳤네.
"당신의 벌레를 죽게 하시렵니까?"
"은혜와 믿음을 구한 네 기도에 응답하는 내 길이 이것이다."
주님 대답하셨네.

자아와 교만에서 너를 해방시키려고
이런 내적 시련들을 채용하였도다.
네 세상 기쁨 위한 계획 부수어뜨려
모든 것 내 안에서 찾게 하였노라.

— 존 뉴턴 —

"아무든지 나를 따라오려거든"(눅 9:23).

　　제자를 삼는 일, 즉 제자화(discipleship)란 "훈련"(discipline)을 의미한다. 제자(disciple)란 스승에게 교육과 훈련을 받은 자를 가리킨다. 무지와 미신과 죄에 사로잡혔던 자가 스승을 통해 진리와 죄 용서를 배우고 얻게 될 때 제자가 되었다고 할 수 있다. 훈련이 없으면 제자는 있을 수 없다. 비록 예수 그리스도의 이름을 고백하고 그를 따른다고 할지라도 훈련을 받지 못하면 예수 그리스도의 제자가 아닌 것이다. 오늘 이 시대는 훈련받지 못하여 풍기가 문란한 시대이다. 자유방임이 법과 충성을 몰아내어 버렸다. 이런 시대일수록 그 어느 때보다 예수 그리스도의 참 제자가 되기 위한 훈련이 절실히 요청되는 것이다.
　　제자화에는 회심, 즉 돌이킴의 훈련이 필요하다. 여기서 돌이킴이란 자기의 죽게 된 것을 깨닫고 그것이 하나님에게 반역한 결과임을 깨달아 회개하는 마음으로 주 예수 그리스도에게로 돌아오는 것을 말한다. 즉, 속으로부터 우러나오는 진실한 마음으로 다음의 성경말씀을 받아들이는 것이다. "우리는 다 양 같아서 그릇 행하여 각기 제 길로 갔거늘 … "(사 53:6). "모든 사람이 죄를 범하였으매 하나님의 영광에 이르지 못하더니"(롬 3:23). "성경이 모든 것을 죄 아래 가두었으니"(갈 3:22). "우리도 다 … 다른 이들과 같이 본질상 진노의 자녀이었더니 … 약속의 언약들에 대하여 외인이요 세상에서 소망이 없고 하나님도 없는 자이더니"(엡 2:3, 12).

우리는 누구나 자연적인 마음상태로서는 훈련을 싫어한다. 누구나 겸손하게 자기의 죄와 수치를 인정하기 싫어하기 때문이다. 그러나 정직하고 솔직하게 자기의 모습을 예수 그리스도의 십자가의 빛에 비추어 보면 자기의 죄를 고백하지 않을 수 없게 된다. 구약시대에 다윗은 자기를 솔직히 살펴보고, "주여 내가 주께 범죄하였나이다" 라고 고백했다. 그때에 하나님께서는 하나님의 종을 통하여 다윗에게 "여호와께서도 당신의 죄를 사하나이다"라는 응답을 주셨다(삼하 12:13). 베드로도 자기 자신의 모습을 예수 그리스도 앞에서 비추어 보았을 때 그는 꿇어 엎드려 "주여 나를 떠나소서 나는 죄인이로소이다"라고 고백했다(눅 5:8). 어느 한 여인도 예수님의 발 앞에 엎드려 울면서 그 회개의 눈물로 예수님의 발을 씻으면서 자기의 죄를 눈물로 회개하였을 때에 주님께서 말씀하시기를, "네 죄사함을 얻었느니라 … 네 믿음이 너를 구원하였으니 평안히 가라"고 하였다(눅 7:48, 50). 세리도 가슴을 치고 자기의 죄를 통탄하면서 참되게 회개하기를 "하나님이여 불쌍히 여기옵소서 나는 죄인이로소이다"라고 고백하였다(눅 18:13). 그때에 그 세리는 의롭다 하심을 받고 집으로 돌아갔던 것이다.

이와 같이 어느 시대를 막론하고 자기의 비참함을 깨닫고 주님에게 나아와 긍휼을 구한 자들은 누구나 다 구원을 받았다. "우리를 구원하시되 우리의 행한 바 의로운 행위로 말미암지 아니하고 오직 그의 긍휼하심을 좇아 중생의 씻음과 성령의 새롭게 하심으로 하셨나니"(딛 3:5). "영접하는 자 곧 그 이름을 믿는 자들에게는 하나님의 자녀가 되는 권세를 주셨으니"(요 1:12). 구원받지 못하면 하나님의 자녀가 될 수 없고, 자녀가 아니면 훈련이나 징계도 없는 것이다.

하나님께서는 자기의 자녀들만을 훈련하신다. 그들로 하여금 하나님의 이름을 영화롭게 하도록 훈련하신다. 그는 그들을 교육하시고 훈련하시며 온유하게 하시고 강하고 강인하게 하시며, 그리하여 하나님의 고귀하신 모습을 나타내도록 하신다. "나는 마음이 온유하고 겸손하니 나의 멍에를 메고 내게 배우라 그러면 너희 마음이 쉼을 얻으리니"(마 11:29). 훈련(징계)이 없으면 우리는 하나님의 자녀들이 아니다. 하나님의 자녀된 우리는 다음과 같은 권면에 귀를 기울여야 한다. "내 아들아 주의 징계(훈련)하심을 경히 여기지 말며 그에게 꾸지람을 받을 때에 낙심하지 말라 주께서 그 사랑하시는 자를 징계(훈련)하시고 그의 받으시는 아들마다 채찍질하심이니라"(히 12:5, 6). "무릇 징계(훈련)가 당시에는 즐거워보이지 않고 슬퍼보이나 후에 그로 말미암아 연달한 자에게는 의의 평강한 열매를 맺나니"(히 12:11).

제자화에는 희생의 훈련이 요구된다. 주님께서 우리 마음을 꿰뚫어 보시면서 이렇게 말씀하신다. "아비나 어미를 나보다 더 사랑하는 자는 내게 합당치 아니하고"(마 10:37). 주님은 이 후에 이 말씀을 보충 설명하시면서 하나의 신령한 원리를 제시하셨다. "무릇 내게 오는 자가 자기 부모와 처자와 형제와 자매와 및 자기 목숨까지 미워하지 아니하면 능히 나의 제자가 되지 못하고"(눅 14:26).

도대체 모든 사람들을 미워하되 심지어 자기 목숨까지 "미워하라"고 하신 이 말씀의 의미는 무엇인가? 우리는 당연히 부모와 형제와 자녀들을 사랑해야 한다. 우리는 그리스도인이기 때문에 남들을 더 사랑한다. 그렇다면 "미워하라"는 말씀의 의미는 무엇인가? 다소의 바울처럼, "내 주 그리스도 예수를 아는 지식이 가장 고상함을 인하여 모든 것을 해로 여긴다"는 태도를 가져야 한다는 말씀이다. "내가 그를 위하여 모든 것을 잃어버리고 배설물로 여김은 그리스도를 얻기 위함"이라고 하였던 바울 사도처럼 그리스도 제일주의로 살아야 한다는 말씀이다(빌 3:8). 우리는 우리 마음에 그리스도를 최고의 좋은 자리, 즉 왕좌에 모시고 세상의 그 누구나 그 무엇도 그 자리를 뺏지 못하도록 하여야 한다. 그리스도를 위해서라면 최후의 경우에는 부모나 사랑하는 자들이나 재산이나 생명까지도 희생할 각오가 되어있어야 한다.

이렇게 자기 부인을 포함하여 모든 것을 부인하는 것이 제자화 훈련의 핵심이다. 내 생명보다 더 귀한 사람들이 우리에게는 있다. 그러나 그렇게 귀한 사람들도 그리스도보다 더 귀한 자리에 있을 수는 없다. 그리스도, 그리스도 한 분만을 위해 우리는 사랑하는 자들과 세상의 그 누구나 그 무엇도 버릴 수 있어야 한다. 오직 그리스도 예수 한 분만을 위하여! 주님께서는 희생의 훈련을 가볍게 생각없이 여기기를 원치 않으신다. 주님도 이 희생의 훈련을 설명하기 위하여 두 가지 예를 드시고(눅 14:28~33) 결론적으로 말씀하시기를 "이와 같이 너희 중에 누구든지 자기의 모든 소유를 버리지 아니하면 능히 내 제자가 되지 못하리라"고 하셨다.

에콰도르(Ecuador)에 독실한 평신도 한 사람이 있었다. 그는 목회의 소명을 받은 자였다. 그러나 그의 아내가 한사코 반대하고 나섰다. 만일 소득이 높은 직장을 버리고 주의 종이 된다면 할 수 있는 모든 보복을 다 하겠다고 아내가 위협했다. 어느 날 저녁 그 사람이 나에게 찾아왔다. 무슨 보따리를 팔에 끼고 눈물을 흘리며 찾아온 것이다. 나는 마가복음 10장을 펴서 29절과 30절을 읽어주었다. "내가 진실로 너희에게 이르노니 나와 및 복음을 위하여 집이나 형제나 자매나 어미나 아비나 자식이나 전토를 버린 자는 금세에 있어 집과 형제와 자매와 모친과 자식과 전토를 백 배나 받되 핍박을 겸하여 받고 내세에 영생을 받지 못할 자가 없느니라."

눈물을 흘리며 기도한 후에 나는 그에게 질문을 던졌다. "그 보따리 속에 무엇이 들어있습니까?"

"여기에 저의 작업복이 들어있습니다. 오늘 일자리를 그만두었거든요." 그는 희생을 각오하고 모든 것을 버리기로 작정한 다음 어떤 핍박이 오더라도 인내하기로 한 것이다. 예수님의 제자가 되기 위하여 모든 것을 버린 것이다. 후에 그의 아내도 주님께 전적으로 헌신하기로 하였고, 아내와 함께 둘이서 하나님의 집의 기둥이 되었다는 소식을 들었다.

제자화에는 **십자가를 지는** 훈련이 필요하다. 우리는 매일매일의 생활에 필요한 것이 세 가지가 있다. 일용할 양식(이것을 위해 기도해야 함, 마 6:11)과 그날그날의 일과(충성해야 됨, 살전 4:11, 12; 살후 3:10~13)와 날마다의 십자가—이렇게 세 가지가 필요하다. 주님께서 말씀하시기를 "아무든지 나를 따라오려거든 자기를 부인하고 날마다 제 십자가를 지고 나를 좇을 것이니라"고 하셨다(눅 9:23; 마 16:24). "누구든지 자기 십자가를 지고 나를 좇지 않는 자도 능히 나의 제자가 되지 못하리라"(눅 14:27).

여기서 우리가 져야 할 십자가는 주님께서 우리의 죄 때문에 단번에 지신 주님의 십자가를 말하는 것은 아니다. 우리는 죄인을 구속하시기 위하여 주님께서 치르신 십자가의 희생에 우리의 힘을 조금도 보낼 수 없기 때문이다. 또한 십자가를 진다는 말은 미국에서처럼 십자가 목걸이를 걸고 다닌다거나 에디오피아(Ethiopia)에서처럼 나무 십자가를 등에 짊어지고 다니는 것은 결코 아니다. 십자가를 진다는 말은 깊은 의미에서 자기를 부인한다는 뜻이고, 하나님의 뜻에 완전히 굴복하기 위해서 모든 것을 다 부인한다는 뜻이다. 즉 갈보리 십자가의 정신으로 산다는 뜻이다. 다음과 같은 체험과 언어 속에 이 진리가 깊이 담겨져 있다.

십자가 그늘에서 나 길이 살겠네
나 사모하는 광채는 그 얼굴뿐이라
이 세상 나를 버려도 나 관계없도다
내 한량없는 영광은 주 십자가일세.
(통일 찬송가 471장 3절, Elizabeth C. Clephane 작곡).

주여 내게 무엇을 주시려거든 이것을 주소서
사랑의 극치나 연인의 입맞춤이 아니라
희생의 기쁨을 알고 내 눈을 밝히 떠
생의 깊이를 볼 수 있는 힘을 주옵소서
사랑 많으신 하나님, 오! 내게 이것을 주소서
눈물과 희생을 통하여
십자가의 기쁨의 비결을 알게 해 주소서.

우리는 그리스도의 십자가 때문에 세상에 대하여, 또 그 속에 있는 선악간의 모든 것에 대하여 날마다 십자가에 못박히는 것이다. 그리스도의 십자가 때문에 우리의 십자가를 지는 것이 마음이 온유하고 겸손하신 그리스도에게 배우고 그의 제자가 되는 것이다.

우리는 우리의 스승되신 주님 곁에 눈물을 흘리며 겸허하게 무릎을 꿇자. 그러면 우리의 영혼을 참으로 사랑하시고 온유하신 주님께서 우리에게 제자의 훈련을 시켜주실 것이다. 세상이 찬란해 보여도 주님에 비하면 아무것도 아니다. 사랑하는 자들이 유혹해도 주님은 가장 사랑스러우신 분이다. 주님의 사랑이 모든 장애물을 끊어버리셨으니 우리는 이렇게 속삭인다. "주 예수여, 어떤 희생을 치르더라도, 어떤 십자가를 주시더라도 좋사오니 나를 주님의 제자로 삼아주시옵소서."

2

위험의 훈련

"나 같은 자가 어찌 도망하며"(느 6:11).

억눌림

끝없이 한량없이 억눌려
끊임없이 힘에 지나도록 억눌려
몸도 억눌리고 마음도 억눌려
검은 파도가 마음을 때려치도록 억눌려
원수들에 억눌리고 친구들에 억눌려
억눌리고 억눌려 일생이 거의 다가도록.

그러나 하나님밖에는 도울 자가
없는 것을 알도록 억눌려
지팡이와 막대기를 사랑하도록 억눌려
아무 애착도 없이 참 자유 누리도록 억눌려
불가능한 것을 믿도록 억눌려
주님 안에서 살도록 억눌려
내게 쏟아부으신 그리스도의 삶을 살도록 억눌려.

"나 같은 자가 어찌 도망하며"(느 6:11).

인생을 살다보면 계속 여러 가지 위험을 만나게 된다. 집에서나 길거리에서나 병원에서 육체의 위험을 만나기도 하고 안팎으로 사회적인 위험을 만나기도 하며 친구들과 습관들로부터, 혹은 부주의나 타협 때문에 영적인 위험을 만나기도 한다. 우리는 아무리 안전한 곳에 있다 할지라도 위험을 피할 수는 없다. 우리는 위험을 파악하고 직면하여 처리하고, 가능하면 피하되 결코 위험을 외면해서는 안된다.

이 위험의 훈련을 잘 보여주는 것이 느헤미야의 체험이다. 당시 천하가 벌벌 떨 정도로 권력을 쥐고 흔들던 아닥사스다 왕의 "술 관원"이었던 느헤미야는 세상의 향락과 사치를 누리기보다 약속의 땅에 있는 자기 백성의 남은 자들과 함께 고난받기를 좋아했다. 그는 자신이 큰 희생을 치르고 왕궁을 떠나 버림받고 황폐한 자기 나라를 재건하는 개척자의 고난의 길을 택하여 걸은 것이다.

그가 자기의 지위와 향락을 버린 것만도 족하지 않겠는가라고 생각할 수도 있을 것이다. 하나님의 종이 되어 자기 본래의 지위와 향락을 버린 것으로 족하다고 생각할 수도 있겠으나, 느헤미야의 경우에는 그것으로 족하지 않았다. 자기의 지위와 향락을 버린 느헤미야에게 끊임없이 달려들어 괴롭히는 원수들이 있었다. 그들은 하나님의 사업이 번성하는 것을 차마 볼 수 없는 악의 무리들이었다. 그들은 특히 느헤미야를 증오했다. 예루살렘 성을 건축하는 자들을 격려

하고 지휘하기 위해 찾아온 느헤미야가 그들의 눈엔 가시와 같았다. 책임을 맡은 하나님의 종이라면 누구나 그 책임이 큰 것이든 작은 것이든 간에 느헤미야와 같이 계속 괴롭힘을 당하는 위험들을 만나게 된다. 산발랏과 도비야와 아랍 사람 게셈이 예루살렘 성곽을 건축할 때에 괴롭힌 것처럼 시대시대마다 하나님의 백성을 인도하는 지도자들은 대적들의 잔인하고 간교한 술책을 직면하였고 앞으로도 직면할 것이다.

음모의 위험이 있었다(느 6:1~4). 그들은 느헤미야를 해치려고 음모를 꾸며놓고는 성벽 밖 어느 마을에서 만나자고 제의해 왔다. 그들이 겉으로 드러낸 목적은 서로 이해를 도모하여 앞으로의 모든 어려움을 미리 막아보자는 것이었지만, 그들의 속셈은 느헤미야를 그들의 계획에 끌어들여 타협하게 하여 느헤미야로 하여금 백성들의 의심을 사게 하거나 그를 속여 납치하려는 것이었다.

우리의 원수들과 비판자들은 항상 그럴듯한 이유를 내세워 얘기 좀 하자고 한다. 그들은 질문을 던지고 의심을 심어주는 데 정통한 사람들이다. 그들은 우리의 확신과 우리의 행동지침을 설명해 달라고 하면서 실상 우리를 혼란으로 몰아넣고자 하는 것이다. 얼른 보기에는 우리가 우리의 동기와 방법을 다 설명해서 우리 자신을 변호하고 우리 대적들의 생각을 바로잡고 우리에게 주신 하나님의 사명을 밝혀 모든 의심을 몰아내야 할 것처럼 보인다. 그러나 그렇게 하면 그들의 음모에 걸려드는 것이다. 정말 그들이 우리가 무엇을 하는지 자세히 알고 싶으면 우리에게 올 수도 있을 것이다. 그러나 그들이 원하는 것은 그것이 아니라 우리를 의심과 난관과 태만의 골목으로 몰고가서 우리를 해치려는 것이다.

느헤미야가 그들의 음모에 어떻게 대처했던가? 이것을 살피면 우리도 음모에 대처하는 법을 알 수 있을 것이다. 그는 제의된 안건들을 공평한 저울 위에 올려놓고 달아본 다음, 그가 하나님으로부터 받은 사명은 논쟁하거나 설명하는 것이 아니라 성곽을 건축하는 것임을 밝히 알았다. 그는 간단명료하게 이렇게 대답했다. "내가 이제 큰 역사를 하니 내려가지 못하겠노라 어찌하여 역사를 떠나 정지하게 하고 너희에게로 내려가겠느냐?(느 6:3). 우리를 괴롭히는 비판자들의 차원으로 내려가지 않고 우리의 사명에 충실해야 하겠다고 할 때에 음모의 위험을 피할 수 있으며 많은 것을 세울 수 있는 것이다. 우리의 사명은 일하는 데 있는 것이지 말하는 데 있는 것이 아니다.

중상모략의 위험도 있었다. 능동적이고 적극적인 느헤미야를 넘어뜨리기 위해서 음모를 꾸며 사명을 버리도록 함정을 놓았으나 거기에 느헤미야가 걸려들지 않게 되자 이제 그 대적들은 느헤미야가 엉큼한 속셈을 가지고 있다고 중상모략을 하기 시작했다(느 6:5~9). 그들의 상투적인 수단은 "공개서한"(봉하지 않은 편지)을 보내어 "이방 중에도 소문이 있고 … 네가 유다 사람들로 더불어 모반하려 하여 성을 건축한다 하나니 네가 그 말과 같이 왕이 되려 하는도다"(6절)는 내용을 전달한 것이다. 그들은 엉뚱한 상상을 하고 어이없는 내용을 막 갖다붙여서 느헤미야를 헐뜯고자 한 것이다. 느헤미야의 속셈이 엉큼하고 이기적이고 더러운 것이라고 덮어씌운 것이다. 우리의 대적들은 온갖 중상모략, 유언비어, 사실무근한 소리들을 퍼뜨려 우리의 사명을 감당하지 못하게 하려고 하는 것이다.

이런 술책은 어제 오늘의 일이 아니다. 거짓의 아비 사단(요 8:44)은 인류 역사의 초기부터 이미 욥을 참소하여 이르기를 "욥이 어찌 까닭없이 하나님을 경외하리이까"라고 했다(욥 1:9). 요셉의 형들도 역시 요셉을 그렇게 괴롭혔다. "꿈꾸는 자가 오는도다 자 그를 죽여버리자"(창 37:19, 20). 예루살렘의 열렬한 애국자요 하나님의 참 선지자 예레미야도 누명을 덮어쓴 적이 있었다. "네가 갈대아인에게 항복하려 하는도다"(렘 37:13)라고 하면서 예레미야에게 엉뚱한 속셈이 있다고 덮어씌웠을 때 예레미야는 그렇지 않다고 단호히 거부했지만 소용이 없었다. 예수님도 역시 박식한 바리새인들과 그 맹종자들의 중상모략을 덮어쓰시기도 하셨다. "저가 귀신의 왕 바알세불을 힘입어 귀신을 쫓아낸다"(눅 11:15). "이 사람을 보매 우리 백성을 미혹하고 가이사에게 세 바치는 것을 금하며 자칭 왕 그리스도라 하더이다 … 백성을 소동케 하나이다"(눅 23:2, 5). 예수님도 이런 중상모략을 당하신 것이다. 오늘날도 역시 주의 일을 하는 자들은 때로 올바른 동기와 올바른 방법과 올바른 노력을 하는데도 이런 비방을 받을 수 있는 것이다.

느헤미야는 이런 중상모략의 위험에도 잘 대처하였다. "너의 말한 바 이런 일은 없는 일이요 네 마음에서 지어낸 것이다"(느 6:8). 이렇게 밝히고 나서 정의로 판단하시는 하나님에게 그의 문제를 맡긴 것이다. 우리는 중상모략을 당할 때에 두려워하지 말고 하나님을 의지해야 한다(사 12:2). 우리도 다윗처럼 이렇게 말할 수 있다. "내가 무리의 비방을 들으오며 사방에 두려움이 있나이다 저희가 나를 치려 의논할 때에 내 생명을 빼앗기로 꾀하였나이다 여호와여 그리하여도 나는 주께 의지하고 말하기를 주는 내 하나님이시라 하였나이다 내 시대가 주의 손에 있사오니 내 원수와 핍박하는 자의 손에서 나를 건지소서 … 교만하고 완악한 말로 무례히 의인을 치는 거짓 입술로 벙어리되게 하소서"(시 31:13~15, 18).

음모와 중상모략으로 느헤미야를 넘어뜨릴 수 없게 되자 그들은 **협박**을 가해왔다(느 6:10~14). 사단은 신자들의 일을 망치려고 끈질기게 방해를 한다. 느헤미야는 그 당시의 마피아에게 이런 협박을 받았다. "저희가 너를 죽이러 올 터이니 우리가 하나님의 전으로 가서(이 악의 세력이 얼마나 경건한 척하고 있는가!) 외소 안에 있고 그 문을 닫자 저희가 필연 밤에 와서 너를 죽이리라"(느 6:10).

시대시대마다 신앙의 인물들은 하나님을 위해 위험한 자리에 서있었다. 그 자리가 위험하여도 하나님이 인정하시는 자리였다. 기드온은 300명의 용사로 미디안과 아말렉의 메뚜기떼처럼 많은 군사들을 대했고(삿 7:12), 삼마는 백성들이 다 도망간 자리에 남아 서서 블레셋 사람들을 쳤고 "여호와께서 큰 승리를 주셨다"(삼하 23:12). 아사 왕은 에디오피아의 무수한 군대의 공격에 직면하여 기도하기를 "여호와여 강한 자와 약한 자 사이에는 주밖에 도와줄 이가 없사오니 우리 하나님 여호와여 우리를 도우소서 우리가 주를 의지하오며 주의 이름을 의탁하옵고 이 많은 무리를 치러 왔나이다"라고 했다(대하 14:11). 여호사밧은 부르짖기를 "우리 하나님이여 저희를 징벌하지 아니하시나이까 우리를 치러 오는 이 큰 무리를 우리가 대적할 능력이 없고 어떻게 할 줄도 알지 못하옵고 오직 주만 바라보나이다"(대하 20:12)라고 했다. 사드락과 메삭과 아벳느고 세 청년은 이렇게 선언했다. "만일 그럴 것이면 왕이여 우리가 섬기는 우리 하나님이 우리를 극렬히 타는 풀무 가운데서 능히 건져내시겠고 왕의 손에서도 건져내시리이다 그리 아니하실지라도 왕이여 우리가 왕의 신들을 섬기지도 아니하고 왕의 세우신 금 신상에게 절하지도 아니할 줄을 아옵소서"(단 3:17, 18).

협박에 대한 느헤미야의 대답을 살펴볼 필요가 있다. "나 같은 자가 어찌 도망하며 … 나는 들어가지 않겠노라"(느 6:11). 우리는 지극히 높으신 자의 종들로서 하나님의 일을 위해 굳게 서야 하며 우리의 대적을 무서워할 필요가 없는 것이다(빌 1:28).

음모와 중상모략과 협박을 가했으나 하나님의 전신갑주를 입은 십자가의 정병을 위협하거나 후퇴하게 할 수가 없었던 것이다(엡 6:10~18). 사단의 다음 전략은 돌려치기(insinuation)이다. "그때에 유다의 귀인들이 여러 번 도비야에게 편지하였고 도비야의 편지도 저희에게 이르렀으니 … 저희들이 도비야의 선행을 내 앞에 말하고 또 나의 말도 저에게 전하매 도비야가 항상 내게 편지하여 나를 두렵게 하고자 하였느니라"(느 6:17, 19). 편지하고 또 편지하고 또 편지하여 하나님의 종 느헤미야를 넘어뜨리려고 하되 유다의 귀족들을 동원해서 넘어뜨리려고 한 것이다. 귀족들이면서도 여러 차례 편지를 하여 느헤미야를 거꾸러뜨리는 일을 도와주었던 것이다. 그들은 하나님의 일을 망치기 위해 주의 종의 마음에 못을 박은 것이다. 하나님의 참된 자녀에게 어려운 시험 중의 하나는 자기를 돌려치는 수많은 편지들이 오고 갈 때에 자기의 주어진 사명에 끝까지 충성하는 것이다.

음모, 중상모략, 협박 그리고 돌려치기 등이 우리에게 임하는 위험의 훈련이다. 이런 것을 당할 때에 우리는 우리의 일을 집어치우고 우선 음모를 해결하고, 모략을 꺾고, 협박을 피하고, 우회전략을 깨어버리려는 유혹을 받기 쉽다. 그러나 그럴 때일수록 우리는 우리의 사명에 충실하고(느 6:3), 하나님을 의지하며(6:9), 흔들리지 않고 굳건히 서야 하며(6:11), 때로는 침묵을 지켜야 한다. 이렇게 해나갈 때에 느헤미야의 경우처럼 "성 역사가 끝나매 … 우리 모든 대적과 사면 이방 사람들이 이를 듣고 다 두려워하여 스스로 낙담하였으니 이는 이 역사를 우리 하나님이 이루신 것을 앎이니라"(느 6:15, 16). 위험을 두려워하는 것은 어리석으나 위험을 직면하여 처리하는 것은 자유를 얻는 길이다.

3

담력의 훈련

"오직 너는 마음을 강하게 하고 극히 담대히 하라"(수 1:7).

서있으라 — 버티라

가만히 서있으라! 굳게 서있으라!
항상 건전하게 서있으라-
전신을 무장하고 서있으라
여긴 전쟁터
승리의 두 주먹 불끈 쥐고 서있으라
"대적"을 거꾸러뜨리도록
거룩한 손으로 띠를 풀어라-
그를 이긴 분은 그리스도이시다.

— 이반 로버츠(Evan Roberts) —

"오직 너는 마음을 강하게 하고 극히 담대히 하라"(수 1:7).

여호수아 1장은 루즈벨트 대통령(Theodore Roosevelt)이 가장 좋아하던 성경말씀이었다. 그럴 만한 이유가 있었다. 그는 "거칠게 말을 타는 사람"으로서 항상 행동가였다. 다코타(Dakotas)의 목장에서나 샌 죠아 힐(San Joar Hill)의 언덕받이에서나 조용히 말하면서도 깊이 박히도록 말하는 행동가였다. 그는 인생은 인격과 용기가 필요하다는 것을 알고 있었던 것이다.

사실 신중의 훈련이 필요하다. 즉 자기가 갈 길을 미리 생각해보고 어떤 사업을 위해서 필요한 자원이 무엇인가를 재차 연구하는 신중이 필요하다. 그러나 담력의 훈련도 역시 필요하다. 어떤 난관과 위험이 있어도 담대히 임무를 수행해 나가는 담력이 필요하다. 너무 신중하면 미루고 미루다가 결국 의심의 중풍에 걸려 맥을 잃어버리고 말지만, 하나님이 우리 편이시고 우리를 인도하실 때에 담대히 밀고 나가는 것은 인간적인 불가능을 향해 도전하여 결국 최후의 승리를 차지하는 것이다. 담대히 밀고 나가면 실수로 실패하든지 임무를 잘 수행하여 기뻐하든지 둘 중의 하나로 결판이 난다.

우리도 여호수아처럼 "오직 너는 강하고 담대히 하라"는 권면이 필요하다. 여호수아 시대 뿐 아니라 오늘날도 우리가 하나님의 백성이기 때문에 우리를 대적하는 적장들이 있다. 여호수아는 약속된 땅을 탐지하러 갔을 때에 다른 정탐들과 함께 그 거인들을 직접 목격

하였었다(민 13장). 여호수아는 그 땅에 거인들이 존재한다는 것을 부인하거나 거인들의 능력을 무시하지 않았다. 그럼에도 불구하고 열 정탐의 다음과 같은 의견에는 동조할 수가 없었다. "거기서 대장부들을 보았나니 우리는 스스로 보기에도 메뚜기 같으니 그들의 보기에도 그와 같았을 것이니라"(민 13:33). 거인들이 있다고 해서 하나님의 자녀들이 메뚜기라고! "웃기지 마라!"—여호수아와 갈렙의 반응은 이러했다. "여호와께서 우리를 기뻐하시면 우리를 그 땅으로 인도하여 들이시고 그 땅을 우리에게 주시리라 이는 과연 젖과 꿀이 흐르는 땅이니라 오직 여호와를 거역하지 말라 또 그 땅 백성들을 두려워하지 말라 그들은 우리 밥이라 그들의 보호자는 그들에게서 떠났고 여호와는 우리와 함께하시느니라 그들을 두려워 말라"(민 14:8, 9).

담력은 거인들을 보지 않고 하나님을 보며, "견고한 성"을 보지 않고 주님을 보며, 불가능을 보지 않고 약속을 보며, 아말렉을 보지 않고 하나님의 권위를 본다. 담력은 여호수아와 갈렙과 함께 이렇게 말한다. "우리가 곧 올라가서 그 땅을 취하자 능히 이기리라"(민 13:30). 담력은 아군 중에서 두려움에 질려 있는 겁쟁이들 때문에 실패할 위험이 거인들인 적장들 때문에 실패할 위험보다 더 크다는 것을 본다. 열 명의 정탐이 보고하기를 "우리는 능히 올라가서 백성을 치지 못하리라 그들은 우리보다 강하니라"고 했으니 다수가 겁쟁이였다. "우리는 능히 이기리라"고 강하게 선언했던 자들은 두 명 뿐이었으니 소수가 담대한 자들이었다. 담력은 외롭고 소수를 면치 못한다. 따라서 승리로 이끄는 인내의 교훈이 있으니 그것은 너를 반대하는 다수를 무서워하지 말고 너를 돌로 칠 군중을 두려워하지 말라는 것이다(14:10). 히브리서 13:5, 6의 담대한 신앙을 체득한 자는 행복한 자다. "그가 친히 말씀하시기를 내가 과연 너희를 버리지 아니하고 과연 너희를 떠나지 아니하리라 하셨느니라." 하나님이 너와 함께 있음을 담대히 확신하라!

　담력은 신중한 자들의 충고를 받아들이기도 하나 기회가 오면 놓치지 않는다. 우리는 여호수아처럼 약속의 땅 문턱에 와 있으며 거인들이 산다는 소식을 들으면서도 "오직 강하고 담대하라"는 말씀을 붙잡고 있다. 우리가 하나님의 말씀을 붙잡고 믿고 나아갈 때 우리의 적은 사나운 아낙 자손들이 아니라 우리 진영 속에 있는 숨은 아간이라는 것을 알아야 한다(수 7장). 하나님의 명령을 무시하고 세상의 명예나 재물을 슬쩍 취하려고 하는 우리 속에 있는 이기심 — 자기를 추구하고 자기를 기쁘게 하는 자기 중심 — 이것이 바로 우리가 쳐부수어야 할 거인이다. 우리가 이런 이기심을 먼저 하나님의 능력으로 정복하지 못하면 우리는 "아이"와 같은 작은 성 앞에서도 힘없이 쓰러지고 만다. 하물며 더 크고 강한 성이야 어찌 정복하랴. 그러므로 임무에 충실하고 말씀에 순종하고 죄를 멀리하는 일이 담력에 선행되어야 한다. 그렇지 않으면 아무리 담대해도 힘을 발휘하지 못한다. 아말렉 거인들은 우리 중에 있으나 죄악의 거인들은 우리 속에 있다. 우리가 죄악의 거인들을 하나님의 말씀의 칼로 정복하지 않는 한 죄와 사단의 성곽을 쳐부수러 나갈 수 없다. 우리를 대적하는 거대한 세력이 무엇이든 간에 강하고 담대하게 나아가는 담력의 훈련이 필요한 것이다.

　여호수아 앞에는 거인들 뿐 아니라 요단 강이 있어서 진로를 방해하였다. 거인들은 우리가 하나님을 따르려고 할 때 우리 앞을 가로막는 영적이고 심리적인 적들을 뜻하고, 요단 강은 하나님을 더 이상 따르지 못하게 하는, 하나님 따르는 것을 우습고 어리석게 여기는 육체적인 대적들을 가리킬 것이다. 하나님은 우리를 홍해의 죽음을 통해서 애굽의 쇠풀무에서 인도해 내셨다. 또한 불기둥과 만나로 계속 인도해 주셨다. 이스라엘 자손과 함께 우리는 시편 78:72의 진리를 체험했다. "이에 저가 그 마음의 성실함으로 기르고 그 손의 공교함으로 지도하였도다." 그러나 요단 강은 광야의 어려움과 다른 어려움이었다. 요단 강은 넓고 지나갈 수 없는 위험한 강이었고 "모맥 거두는 시기에는 항상 언덕에 넘치는" 강이었다(수 3:15). 다리도 나루터도 없는 강, 건널 희망이 보이지 않는 강이었다. 공포와 낙심을 안겨주는 사나운 물결이 콸콸 흘러내리는 강이었다. 우리로 하여금 하나님의 뜻에 순종하지 못하도록 하는 육체적인 요인들이 있다. 하나님의 말씀은 "이제 너는 모든 백성으로 더불어 일어나 이 요단을 건너라"고 명하였다(1:2). 그러나 이 명령이 떨어졌음에도 불구하고 요단 강은 여전히 언덕에 흘러넘치고 있었다. 주의(注意)라는 것이 이때 이렇게 충고한다. "이 문제를 여러 각도에서 조심스럽게 생각해 보라. 하나님의 능력과 섭리를 무턱대고 믿지 말라. 그는 너를 인도하신다. 그러나 다리를 통해서 인도하실 것이다." 사실 우리는 너무 당돌해서도 안된다. 주 예수께서는 하나님의 약속에 천사들을 보내어 발이 돌에 부딪치지 않게 하신다는 말씀이 있었음에도 불구하고 "주 너의 하나님을 시험치 말라"고 말씀하셨다(마 4:7; 신 6:16). 하나님께서는 예수님에게 성전 꼭대기에서 뛰어내려 천사의 도움을 시험해 보도록 명령하시지 않았다. 뿐만 아니라 성전 꼭대기에서 뛰어내리지 않더라도 그냥 내려올 수 있는 계단이 있었다. 그러나 여호수아의 경우는 하나님께서 "이 요단을 건너라"고 명령하셨다. 자기 의지의 광신과 하나님의 의지에 대한 순종의 신앙 사이에는 미묘한 차이점이 있다. 이 차이점을 체득한 자는 복된 자다.

주의는 숙고하며 신중(愼重)은 지체하나, 담력은 하나님의 명백한 명령에 순종한다. 두려워 낙심하는 자는 넘쳐흐르는 불가능을 향해서 발을 디뎌놓는 순종을 통해 역사하시는 하나님의 능력을 믿지 못하고 그분을 신뢰함으로 생기는 고동치는 맥박을 알지 못한다. 그러나 담대한 자는 없는 길을 찾아나선다.

"궤를 멘 자들이 요단에 이르며 궤를 멘 제사장들의 발이 물가에 잠기자 곧 위에서부터 흘러내리던 물이 그쳐서 … 일어나 쌓이고 … 온 이스라엘은 마른 땅으로 행하여 요단을 건너니라"(수 3:15~17). 이것이 담력의 훈련이다. 불가능이 눈앞에 닥쳐온 것 같을 때 강하라. 재난의 물가에 발을 디뎌놓으라는 명령이 떨어질 때 담대히 순종하라. 이 훈련을 잘 받을 때 간증할 추억들이 많아진다. 여호수아는 요단 강 중앙과 그 강가에 돌무더기를 쌓아 "하나님이 여기서 나를 도우셨다"고 간증하도록 했다. 담력은 하나님의 뜻을 행하는 것이다.

거인들과 요단 강에 이어 여리고가 가나안 땅으로 들어가는 것을 방해했다. 우리가 하나님께 순종할 때 여리고는 우리를 비웃을지도 모른다. 믿음과 순종의 길에 왜 이렇게 불가능에 불가능이 겹쳐야 되는가? 거인들에 대한 공포와 요단 강의 표호와 여리고의 요새가 가로놓여 있어야 하는가? 그것은 보고 따라가는 생활이 아니라 믿고 따라가는 생활이기 때문이다. 믿음의 생활은 때로는 두려워 떨면서도 묵묵히 하나님을 따라가는 생활이다. 그것은 보이는 것을 계산하고 따지고 조심하고 움츠리는 생활이 아니다. 담력이란 항상 기적을 바라보고 나서는 것이다. 신중이란 인간의 능력을 기준으로 보면 안전하고 평탄한 길이다. 바울은 불가능에 불가능이 겹치는 생활을 체험했다. 때로는 인간적으로 절망스러울 때도 있었다. "우리 마음에 사형선고를 받은 줄 알았으니 이는 우리로 자기를 의뢰하지 말고 오직 죽은 자를 다시 살리시는 하나님만 의뢰하게 하심이라 그가 이같이 큰 사망에서 우리를 건지셨고 또 건지시리라 또한 이후에라도 건지시기를 그를 의지하여 바라노라"(고후 1:9, 10). 바울은 또 이렇게 간증했다. "우리가 사방으로 우겨쌈을 당하여도 싸이지 아니하며 답답한 일을 당하여도 낙심하지 아니하며 핍박을 받아도 버린 바 되지 아니하며 거꾸러뜨림을 당하여도 망하지 아니하고"(고후 4:8,

9). 어째서 이렇게 불가능을 극복할 수 있었을까? 그것은 그가 자기 속에 살아계신 그리스도께서 붙잡아주시고 승리하도록 하시는 것을 알았기 때문이다(고후 4:10). 이렇게 믿음으로 사는 생활에는 거인들과 요단 강과 여리고의 난관들이 끊임없이 계속되지만 믿음으로 담대히 전진하면서 하나하나 극복해 나가는 것이다.

우리에게 도전해 오는 여리고가 아무리 강할지라도 우리가 하나님의 말씀과 뜻을 순종하면 그 난관이 마침내 사라지게 될 것이다. 여리고의 성벽이 제아무리 높아도, 무시무시한 요새와 강력한 힘으로 버티고 있고 또 그 성민(城民)들이 죽어도 굴복하지 않을 듯 버티고 있는 것 같아도 기도와 인내로 하나님께 순종하며 담대히 전진하는 믿음의 사람 앞에서 여리고는 기어이 무너지고야 말 것이다. 하나님의 방법은 보통 우리의 방법과 다르다. 여리고를 무너뜨리도록 하는 하나님의 방법은 백성들이 며칠 동안 성을 돌면서 함성을 지르는 방법이었고 믿음의 함성 앞에 성은 무너져 내렸다(수 6:16, 20). 아이 성을 치는 방법은 순종하면 승리하는 것을 상징적으로 보여주는 방법으로 여호수아가 창을 뽑아들도록 하는 것이었다(수 8:18, 26). 그로부터 수백 년 후에 이스라엘 백성들은 여호사밧 왕의 명령에 따라 찬송을 불렀다. 찬송을 부를 때에 그들은 적군을 정복할 수 있었다(대하 20:22). 침묵이든 함성이든, 창이든 찬송이든, 하나님이 정해주신 방법대로 따르기만 하면 믿고 순종하여 담대히 전진하는 자가 항상 승리하게 되어 있는 것이다.

이것이 담력의 훈련이다. 즉 자기 자신의 임무를 파악하고 하나님의 명령을 행하며, 하나님이 함께하심을 기뻐하고 하나님의 약속을 의지하며 하나님의 말씀에 순종할 때 하나님의 능력을 체험하게 되는 것이 담력의 훈련인 것이다. "오직 너는 마음을 강하게 하고 극히 담대히 하여 … 그리하면 어디로 가든지 형통하리니 … 내가 네게 명한 것이 아니냐 마음을 강하게 하고 담대히 하라 두려워 말며 놀라지 말라 어디로 가든지 네 하나님 여호와가 너와 함께하느니라" (수 1:7, 9).

4
어둠의 훈련

"흑암 중에 행하여 빛이 없는 자라도"(사 50:10).

사방에서 대적이 몰아닥쳐도
두려워함이 없는 신앙이여
땅 위의 어떤 재앙에도
조금도 떨지 않는 신앙이여!

징계의 채찍을 맞으나
불평도 원망도 하지 않고
슬픔이나 고통의 시간에
하나님을 의지하는 신앙이여

폭풍이 몰아치면
더욱 밝고 더욱 분명하게 빛나는 신앙
위험 속에서 두려워하지 않고
어둠 속에서 의심하지 않는 신앙이여.

— 윌리암 H. 바터스트(William H. Bathurst) —

"흑암 중에 행하여 빛이 없는 자라도"(사 50:10).

하나님께서 "너에게 광명 중에 말씀하신 것을 흑암 중에 결코 의심치 말라"는 뜻깊은 말이 있다. 이 말은 실제적인 진리이다. 하나님의 자녀들은 광명 중에서 하나님의 뜻을 알 수 있다. 즉 "모든 신령한 지혜와 총명에 하나님의 뜻을 아는 것"으로 채움을 받고(골 1:9) "주의 뜻이 무엇인가 이해할" 수 있다(엡 5:17). 로마서 12:1, 2 말씀대로 이 세대를 본받지 않고 "마음을 새롭게 함으로 변화를 받아 하나님의 선하시고 기뻐하시고 온전하신 뜻이 무엇인지 분별"하여야 거룩한 산 제물이 될 수 있다. 하나님의 자녀가 말씀의 광명으로, 성령의 인도하심으로, 하나님이 주신 빛에 순종함으로 하나님의 뜻을 알 수 있는 것이다. 바울은 구체적인 지시를 받기도 했다. "담대하라 네가 예루살렘에서 나의 일을 증거한 것같이 로마에서도 증거하여야 하리라"(행 23:11). 이와 같이 하나님의 뜻이 밝게 나타난 후에 반드시 시련이 뒤따라 오는 것이다. "너희 믿음의 시련이 불로 연단하여도 없어질 금보다 더 귀하여 예수 그리스도의 나타나실 때에 칭찬과 영광과 존귀를 얻게 하려 함이라"(벧전 1:7). 바울은 죄수의 시련과 파선의 시련을 당했다. 로마에 이르기 전에는 죽은 것이나 다름없는 지경에도 이르렀으나 하나님의 약속하신 대로 기어이 로마에 이르렀다. 하나님의 자녀들이 받아야 할 어둠의 훈련이란 바로 이 믿음의 시련을 가리키는 것이다. 이런 훈련을 받을 때에 광명 중에서나 어둠 속에서 하나님 아버지를 의지하는 법을 배우게 되는 것이다.

요셉이 바로 이런 훈련을 받았다. 어린 시절에 조용하고 아늑한 아버지 집에 살 때에 그가 형제들보다 탁월한 자리에 이르게 될 것을 꿈을 통해 알게 되었다. 이 말씀이 임한 후에 요셉이 통과한 시련의 길을 보면 자기의 형제들에게 시기와 미움과 따돌림을 당하여 마침내 애굽의 종으로 팔려간 것이다. 비천한 머슴살이를 거쳐 억울한 누명을 쓰고 감옥살이를 하게 되었을 때 사람들은 그를 잊었으나 하나님은 그를 잊어버리시지 않았다. "여호와의 말씀이 응할 때까지"(시 105:19) 그는 어둠의 훈련을 겪어내어야 했다. 이 훈련을 통해 그의 인격이 성장하였고, 마침내 온 애굽 백성이 그의 말 한 마디에 벌벌 떨 정도의 권력의 정상에 올라갔을 때에도 자기를 해친 형제들에게 이렇게 말할 수 있게 되었다. "당신들은 나를 해하려 하였으나 하나님은 그것을 선으로 바꾸사 오늘과 같이 만민의 생명을 구원하게 하시려 하셨나니"(창 50:20). 어린 시절의 꿈이 어둠의 훈련을 거쳐 실현되었을 때에야 비로소 그는 권력의 특권을 관대하게 사용할 수 있게 된 것이다.

예레미야도 역시 어둠의 훈련을 받은 선지자였다. 남들이 그를 오해하고 괴롭힐 때에 그는 주님으로부터 이렇게 확실한 말씀을 받았다. "여호와께서 가라사대 내가 진실로 너를 강하게 할 것이요 너로 복을 얻게 할 것이며 내가 진실로 네 대적으로 재앙과 환난의 때에 네게 간구하게 하리라 … 내가 너로 이 백성 앞에 견고한 놋 성벽이 되게 하리니 그들이 너를 칠지라도 이기지 못할 것은 내가 너와 함께하여 너를 구하여 건짐이니라 여호와의 말이니라"(렘 15:11, 20). 예레미야가 이렇게 은혜로운 약속을 받은 후에 환난과 고난 속으로 더 깊이 빠져들어갔고 구덩이 속으로 빠지기도 하였고 성 안의 백성들과 성 밖의 대적들로부터 이중으로 죽을 지경의 고통을 당하기도

하였다. 예루살렘 성이 함락되었을 때에 예레미야는 또다시 이런 말씀을 받았다. "나 여호와가 말하노라 내가 그날에 너를 구원하리니 네가 그 두려워하는 사람들의 손에 붙이우지 아니하리라 내게 단정코 너를 구원할 것인즉 네가 칼에 죽지 아니하고 네 생명이 노략물을 얻음 같이 되리니 이는 네가 나를 신뢰함이니라 여호와의 말이니라"(렘 39:17, 18). 땅굴 감옥도 하나님의 구원을 의심할 곳은 아니었다.

세례 요한도 어둠의 훈련을 받았다. 요한은 "켜서 비취는 등불"이었다(요 5:35). 그의 불 같은 설교에 많은 무리가 따랐다. 그러나 그는 인기와 세력의 절정에서 예수님을 증언하기를 "그는 흥하여야 하겠고 나는 쇠하여야 하리라"고 했다(요 3:30). 그는 아마 "쇠하여야 하리라"는 말 속에 잔혹한 헤로디아의 미움을 받고 땅굴에 갇히고 마침내 참혹한 죽음을 당하는 시련이 포함된 것을 미처 알지 못했을 것이다. 그가 어둠 속에서 방황한 것이 그의 제자들을 예수님에게 보내어 대신 질문하게 한 사실에서 드러난다. "오실 그이가 당신이오니이까 우리가 다른 이를 기다리오리이까"(마 11:3). 이와 같이 깊은 영혼의 고뇌에서 나온 질문에 대해 예수님은 이렇게 대답하였다. "누구든지 나를 인하여 실족하지 아니하는 자는 복이 있도다"(마 11:6). 어둠의 훈련을 받을 때에 "실족"할 가능성이 있는 것이다. 그러나 동시에 하나님의 뜻을 굳게 붙잡고 나갈 때에 그가 광명 중에 말씀하신 것을 어둠 속에서 의심하지 않을 수도 있는 것이다.

어둠의 훈련을 누구보다 더 잘 아는 자는 욥이었다. 그는 광명 중에 행할 때에 사람 앞에 정직하고 하나님의 인정을 받은 자였다(욥 1:1, 8). 그는 깊은 경건의 사람이었고(1:5) 땅 위의 물질의 축복도 많이 받은 거부였다(1:3). 지극히 높으신 하나님께서 두 번이나 욥의 신앙을 칭찬하셨다. "네가 내 종 욥을 유의하여 보았느냐 그와 같이 순전하고 정직하여 하나님을 경외하며 악에서 떠난 자가 세상에 없느니라"(1:8; 2:3). 그러나 그 후에 바로 욥은 실망과 황폐와 질병과 절망의 구덩이로 던져진 것이다.

하나님의 참 자녀들에게 때로 "영혼의 깊은 밤"이 찾아온다. 이때는 끝없이 괴로운 시기로서 하나님이 나타나 역사하시지 않는 것 같이 느껴지며 건강이 약화되고 친구들마저 외면하고 낮은 어둡고 밤은 긴 느낌이 들며 내일의 희망의 서광이 전혀 비쳐오지 않으며 절망이 사라질 것 같지 않으며 차라리 고통과 슬픔의 나날을 보내느니보다 죽는 것이 낫겠다고 생각이 되는 때이다. 욥보다 더 큰 고통을 겪은 인간이 있을까? 욥은 계속 이렇게 탄식했다. "하나님에게 둘러싸여 길이 아득한 사람에게 어찌하여 빛을 주셨는고"(욥 3:23). "하나님이 나의 구하는 것을 얻게 하시며 나의 사모하는 것 주시기를 내가 원하나니 이는 곧 나를 멸하시기를 기뻐하사 그 손을 들어 나를 끊으실 것이라"(6:8, 9). "내가 눈 녹은 물로 몸을 씻고 잿물로 손을 깨끗이 할지라도 주께서 나를 개천에 빠지게 하시리니 내 옷이라도 나를 싫어하리이다"(9:30, 31). "주께서 어찌하여 얼굴을 가리우시고 나를 주의 대적으로 여기시나이까 주께서 어찌하여 날리는 낙엽을 놀래시며 마른 검불을 따르시나이까"(13:24, 25).

영혼이 깊은 밤을 만나면 계속 꼬리를 물고 일어나는 생각이 있는데 그것은 "하나님이 은혜를 베푸시지 않는구나", "하나님은 너를 생각지도 않으신다", "하나님이 어찌 너를 골짜기로 몰아치셨는가", "네가 불순종했기 때문에 하나님이 너를 버리셨다"는 등 온갖 간사한 말로 사단의 공격이 날아온다. 그러나 신앙적으로 생각할 때 영혼의 밤도 신앙연단의 기회로서 이사야 50:10의 놀라운 진리를 우리에게 깨닫게 하는 계기가 된다. "너희 중에 여호와를 경외하며 그 종의 목소리를 청종하는 자가 누구뇨 흑암 중에 행하여 빛이 없는 자라도 여호와의 이름을 의뢰하며 자기 하나님께 의지할지어다." 하나님을 의지하라. 하나님 한 분만 의뢰하라. 모든 일이 안되어도 오직 하나님만 붙잡고 있으라. 우리는 어둠 속에서 절망하거나 혹은 우리 자신의 등불을 켜려고 하는 유혹을 받는다(사 50:11). 그러나 그렇게 하면 손해와 슬픔이 있을 뿐이다. 우리는 오히려 우리의 전심을 기울여 하나님을 의지하여야 할 것이다. 그렇게 할 때에 시편 112:4 말씀이 이루어질 것이다. "정직한 자에게는 흑암 중에 빛이 일어나나니 그는 어질고 자비하고 의로운 자로다."

　어둠의 훈련을 잘 감당하라. 하나님이 광명 중에 말씀하신 것을 흑암 중에 결코 의심치 말라.

5

결단의 훈련

"우리가 우리 하나님 여호와의 목소리를 청종하리이다"(렘 42:6).

이 세상 끝날까지

이 세상 끝날까지 주 봉사하리니
내 친구되신 주여 늘 함께하소서
주 나와 함께하면 전쟁도 겁없고
주 나를 인도하면 늘 안심하리라.

이 세상 모든 시험 나 넘어치려고
내 모든 원수들이 안팎에 있으니
주 나를 돌아보사 내 방패되시고
내 옆에 계신 것을 늘 알게 하소서.

저 영광있는 곳을 주 허락했으니
그 허락하신 곳을 늘 사모합니다.
끝까지 쉬지 않고 주 따라가리니
주 넓은 사랑 안에 늘 인도하소서.

― 존 E. 보드(John E. Bode) ―

"우리가 우리 하나님 여호와의 목소리를 청종하리이다"(렘 42:6).

여러분은 때때로 인생의 기로에 서서 이리 가야 할지 저리 가야 할지 알지 못할 때가 있을 것이다. 오늘이나 내일 내리는 결단이 별 것 아닌 것처럼 보일지도 모른다. 그럼에도 불구하고 막중한 문제가 걸려있다는 사실을 즉각적으로 알게 되는 때가 바로 결단의 시기인 것이다. 이제 한번 가면 다시 돌아오지 못할 길이요 오늘의 결단 때문에 오고 오는 날들이 완전히 달라지게 되는 것이다. 이럴 때 여러분은 여러분보다 더 지혜로운 자의 도움이 필요함을 느낄 것이다. 처음부터 끝을 볼 수 있는 눈을 가지신 분, 여러분에게 풍족한 은혜를 주시는 분, 한없이 신실하신 그분의 지도가 필요함을 느낄 것이다. 인생이란 사소해 보이는 선택과 결단에 의해 막중한 문제가 좌우되기도 하는 것이다.

성경은 의지하는 신자에게 풍성한 인도의 약속을 주고 있다. 지극히 높으신 자가 말씀하시기를, "내가 너의 갈 길을 가르쳐 보이고 너를 주목하여 훈계하리로다"(시 32:8)라고 하였다. "온유한 자를 공의로 지도하심이여 온유한 자에게 그 도를 가르치시리로다"(시 25:9). 이와 비슷한 약속들이 성경에 많이 있다. 예레미야 42장에 나타난 사건에서 우리는 하나님의 인도하심을 찾아볼 수 있고, 결단의 훈련에 있어서의 세 가지 중요한 요소를 발견할 수 있다.

(1) 기꺼이 하나님의 인도를 요청하는 마음

예루살렘에 남아있는 자들이 예레미야에게 찾아와 이렇게 요청했다. "당신의 하나님 여호와께서 우리의 마땅히 갈 길과 할 일을 보이시기를 원하나이다"(렘 42:3). 여기서 우리가 분명히 기억해야 할 것은 야고보서 1:5의 말씀이다. "너희 중에 누구든지 지혜가 부족하거든 모든 사람에게 후히 주시고 꾸짖지 아니하시는 하나님께 구하라 그리하면 주시리라." 많은 사람들이 하나님의 인도하심을 구했다. 모세가 홍해 앞에 이르렀을 때 그것을 구했고, 여호수아가 요단 강가에서 그것을 구했으며, 룻이 베들레헴 마을에서 그것을 구했고, 다윗이 광야에서 그것을 구했으며, 예레미야가 감옥에서, 베드로가 지붕에서, 바울이 파선 직전의 배에서 각기 그것을 구했다. 그들은 모두 그들의 인도자 하나님께 구했고 하나님은 그들을 올바른 길로 인도하셨다.

인도를 기꺼이 요청하는 마음이란 정직하게 요청하고 신실하신 하나님을 전폭적으로 의지하는 것을 가리킨다. 그것은 마치 이렇게 요청하는 것과 같다. "그의 목소리가 우리에게 좋고 좋지 아니함을 물론하고 청종하려 함이라 우리가 우리 하나님 여호와의 목소리를 청종하면 우리에게 복이 있으리이다"(렘 42:6). 우리는 한치 앞을 내다보지 못하기 때문에 무엇이 결국 우리에게 유익이 되며 무엇이 손해가 될지 잘 알지 못한다. 그러므로 우리는 우리의 선택을 하나님께 맡길 수밖에 없는 것이다. 우리는 다음과 같이 말한 시편 기자의 태도가 필요하다. "내가 하나님 여호와의 하실 말씀을 들으리니 대저 그 백성 그 성도에게 화평을 말씀하실 것이라 저희는 다시 망령된 데로 돌아가지 말지로다"(시 85:8). 우리가 하나님의 인도하심을 요청할 때 우리는 믿음으로 요청하고 의심하지 말아야 한다. "오직 믿음으로 구하고 조금도 의심하지 말라 의심하는 자는 마치 바람에

밀려 요동하는 바다 물결 같으니 이런 사람은 무엇이든지 주께 얻기를 생각하지 말라"(약 1:6, 7). 이와 같이 우리가 하나님의 인도하심을 요청할 때에 전폭적인 의탁과 굴복과 또 그가 약속하신 대로 이루실 것이라는 확신이 꼭 필요한 것이다.

(2) 하나님의 인도하심을 기꺼이 기다리는 마음

유다의 주민들은 초조하였다. 그러나 하나님의 응답이 그들이 인도하심을 요청한 즉시 임하거나 그 다음 날 임한 것이 아니었다. 10일 후에야 "여호와의 말씀이 예레미야에게 임했다"(42:7). 우리는 우리의 간구에 응답하시는 하나님의 때와 하나님의 방법을 기다릴 줄 아는 인내심이 있는가? 시간은 가치관을 변화시키며 형편을 바꾸어 놓으며 대상들을 뒤바꾸어 놓기도 한다. 우리는 때때로 막다른 골목에 이르러 당장 결단을 내리지 않으면 안될 것 같은 생각이 들 때가 있다. 그러나 성경은 "무릇 그를 기다리는 자는 복이 있도다"라고 하였다(사 30:18). 또한 하나님은 "나를 바라는 자는 수치를 당하지 아니하리라"고 하셨다(사 49:23). 우리는 한동안 욥과 같이 어둠 속을 거닐면서 다음과 같이 말할 수밖에 없는 때를 경험할 것이다. "그런데 내가 앞으로 가도 그가 아니 계시고 뒤로 가도 보이지 아니하며 그가 왼편에서 일하시나 내가 만날 수 없고 그가 오른편으로 돌이키시나 뵈올 수 없구나 나의 가는 길을 오직 그가 아시나니 그가 나를 단련하신 후에는 내가 정금같이 나오리라"(욥 23:8~10). 그러나 두려워하지 않고 끝까지 기다리며 의지하는 영혼에게 힘과 확신이 임하는 것이다. "그를 믿는 자는 급절하게 되지(초조하게 서두르지) 아니하리로다"(사 28:16). 하나님께서 우리의 간절한 소원에 응답하시기 위해서 너무 늦지 않게 찾아오셔서 기어이 응답하실 것이다.

(3) 하나님의 뜻에(우리에게 나타난) 기꺼이 순종하고자 하는 마음

예레미야 시대에 유다의 남은 자들에게 임한 하나님의 말씀은 이러했다. "너희가 이 땅에 여전히 거하면 … 내가 너희를 심고 뽑지 아니하리라"(렘 42:10). 그런데 사실 이 말씀은 그들이 듣기 싫어하는 말씀이었다. 그들이 원하는 것은 애굽 땅으로 은밀하게 피신하여 고초와 전쟁을 보지 않는 것이었다. 그들은 하나님이 이러한 자기들의 소원을 들어주시는 말씀을 해주실 것을 원했다.

여러분은 하나님의 음성이 여러분의 생각에 "좋든지 나쁘든지" 그 음성에 순종하기를 참으로 원하는가? 자기가 좋아하는 것을 고집하면 결국 장차 칼이 추격해 오는 모진 교훈을 배우게 될 것이다. "너희의 두려워하는 칼이 애굽 땅으로 따라가서 너희에게 미칠 것이요 너희의 두려워하는 기근이 애굽으로 급히 따라가서 너희에게 임하리니 너희가 거기서 죽을 것이라"(렘 42:16). 그러나 유대 땅에 머물면서 바벨론을 통하여 임하는 하나님의 징계를 참고 견디면 "내가 너희를 긍휼히 여기겠다"는 말씀대로 하나님의 긍휼을 체험하게 될 것이다. 하나님이 보여주신 뜻은 마음을 다하여 묵묵히, 즉시 순종하여야 한다. "순종이 제사보다 낫고 … 거역하는 것은 사술의 죄와 같고 완고한 것은 사신 우상에게 절하는 죄와 같음이라"(삼상 15:22, 23). "너희가 즐겨 순종하면 땅의 아름다운 소산을 먹을 것이요"(사 1:19).

여러분이 생의 기로에 서있을 때 지극히 높으신 이의 지혜를 구하고, 그의 지시함을 기다리고, 지체없이 그의 뜻에 순종하여 그의 때에 그의 영광을 위하여 올바른 길로 인도함을 받기 바란다.

주님이 짜놓은 계획을
우리는 조급하고 초조한 손으로
뒤엉클어 놓는다.
그리고 나서 고통 중에 울부짖을 때
주님 말씀하시기를,
"사랑하는 자야, 조용해라.
내가 매듭을 풀고 있는 동안에."

6

노년의 훈련

"사무엘이 늙으매"(삼상 8:1).

나는 믿음을 원한다

나는 믿음을 원한다
지나가는 나날들을 부러워하지 않고
은하수보다 더 끝없는
여러 가지 때와 방법을 보며
인생을 더위와 싸움으로 화끈한
짧은 한 날로 보지 않고
친구이시며 모험자이시며 빛이신
하나님과 더불어 영원히
기쁨의 잔치를 하는 것으로 보는 믿음을.

인생 일장의 끝이 다가오면 어떤가?
백발이 이마를 덮으면 어떤가?
나는 그래도 노래하며 가리라
화염같이 붉은 진홍빛 호수를 지나
가을 언덕과
겨울의 눈을 지나
하나님의 봄이 영원한 노래를 심어주는
새로운 인생의 장이 펼쳐질 것을 바라보며
이것이 바로 내가 찾는 믿음
이것이 바로 시간의 산봉우리
저 너머를 볼 줄 아는 나의 믿음이니!

― 랄프 스폴딩 쿠쉬만(Ralph Spaulding Cushman) ―

"사무엘이 늙으매"(삼상 8:1).

　소년시절의 훈련은 부모님께 순종하고 복음을 받아들이는 근면성의 훈련이다. 사춘기의 훈련은 신뢰성, 기쁨, 결단력 그리고 제자화의 훈련이다. 청장년기의 훈련은 임무수행, 암흑, 지연, 전환 그리고 분별의 훈련이다. 노년의 훈련은 젊은 날의 훈련과 다르다. 그러나 노년의 훈련도 역시 그만큼 실제적인 것으로서 잘 감당하느냐에 따라 자라나는 세대에 좋은 영향을 주기도 하고 나쁜 영향을 주기도 한다. 이스라엘의 마지막 사사 사무엘은 노년의 훈련을 잘 감당한 모범적인 인물이었다.

　노년이 되면 활동과 책임이 줄어든다. 지칠 줄 모르는 삼십대와 요란한 사십대를 지나 신중한 육십대와 느슨한 칠십대의 노인으로 바뀌는 것이다. 은혜롭게 늙는 것은 승리의 일종이다. 은혜롭지 못하게 늙는 것은 비극이다. 자기가 효율적으로 봉사할 수 있는 시기가 지났다는 것을 자기에게나 타인들에게 인정하려 들지 않는 자들이 있다. 손은 굳고 음성은 활기를 잃었는데도 이미 오래 전에 기능을 상실한 자리와 지위를 붙들고 있는 자들이 있다. 그들은 자신에게는 슬픔이요, 타인들에게는 골칫거리이다. 늙은 현실을 직시하고 감내하면 모든 이들에게 존경과 축복의 인물이 될 수도 있지 않겠는가. 솔로몬의 지혜로운 관찰을 보라. "백발은 영화의 면류관이라 의로운 길에서 얻으리라"(잠 16:31). "젊은 자의 영화는 그 힘이요 늙은 자의 아름다운 것은 백발이니라"(잠 20:29). 브라우닝(Browning)의 시가 기억난다.

> 나와 함께 늙자!
> 가장 좋은 것이 이제 앞으로 올 것이다.
> 최후의 인생, 그것을 위해 첫인생이 지음을 받았도다.
> 우리의 일생은 하나님의 손에
> 그가 가로되 "일생의 계획이 내게 있으니
> 청년기는 그 절반일 뿐이라 하나님을 의지하라.
> 모든 것을 보라. 그러나 두려워하지 말라."
> 주 하나님이여, 그제나 지금이나
> 나는 주님, 인간을 도야시키시는 주님이 필요합니다.
> 돌풍이 몰아쳐도
> 휘황찬란한 생의 바퀴에
> 현기증나게 튀어오르지 않고,
> 주여 나의 종말을 기억하소서!
> 주의 작품을 취하여 사용하시고
> 어디 결함이 숨어있거든 고치소서!
> 실이 꼬이고 물레가 빗나간 적이 몇 번인고!
> 내 일생은 주님의 손에!
> 계획대로 잔을 채우소서!
> 노년이 청년기를 바로 살았다 하게 하시고
> 죽음으로 생의 완성을 보게 하옵소서!

이렇게 볼 때 장년기에 일찌감치 일이 줄어들게 될 노년기를 위한 계획을 세워서 나 자신에게나 남에게 상처나 손해를 주지 않고 노년을 맞이하도록 해야 할 것이다. 나는 이러한 선견지명을 가지고 아름다운 열매를 맺는 모범적인 경우를 휘튼 캠퍼스에서 보았다. 그는 젊을 때에 어떤 노인들이 자기 유익과 자기 사업의 유익을 위해 너무 오래도록 자기 지위를 붙들고 있는 것을 보았다. 그래서 그는 하나님이 살게 해주시면 60세에 학장직을 사임하기로 결심했다. 그리고 교수직에만 전념하고 70세에는 모든 행정적인 일들을 거절하고 마지막 여생을 줄어든 수업시간에 다 바치기로 결심한 것이다. 어느날 그는 눈을 깜박이면서 이렇게 선언하였다. "내 나이 지금 칠순입니다. 과장직이나 기타 위원회의 중직을 다 그만두겠습니다." 그는 실로 휘튼 캠퍼스의 "위대한 노인"이었던 것이다. 그는 역사 이해에 있어서 성숙하고 무르익었으며, 친절하고 건설적으로 학생들에게 조언하고 같이 기도했으며, 체육대회에 적극 참여하는 열성이 있었으며, 교수진과 행정실무진에게 시효적절하고 지혜로운 충고를 아끼지 않았던 위대한 노익장이었다. 그는 은혜롭게 늙을 계획을 세웠고 그 때가 왔을 때 노년의 훈련을 잘 감당해낸 것이다.

은혜롭게 늙는 데 있어서 가장 어려운 점은 "이젠 내가 필요없는 사람이구나"하는 느낌이다. 사무엘은 일생을 통하여 자기 백성을 섬겼다. 이미 어린아이로서 하나님과 민족을 섬기도록 성별함을 받았다. "단에서부터 브엘세바까지의 온 이스라엘이 사무엘은 여호와의 선지자로 세우심을 입은 줄을 알았더라"(삼상 3:20). 60년 이상이나 이스라엘의 지도자로서 백성의 짐과 고초를 인내와 기쁨으로 감당하였다(삼상 7:15~17). 그러다가 마침내 장로들의 요청을 받게 되었는데 그 요청은 이런 것이었다. "보소서 당신은 늙고 당신의 아들들은 당신의 행위를 따르지 아니하니 열방과 같이 우리에게 왕을 세워 우리를 다스리게 하소서"(8:5). 그토록 백성을 위하여 오래도록 섬겨온 사무엘이 이젠 지위에서 필요없는 사람이 된 것이다(12:3~5 참고). 사람들로부터 소외되는 노인은 슬픔에 잠긴다. 그러나 사무엘은 모든 문제를 지극히 높으신 분에게 맡기는 법을 배운 자였기 때문에 노인이면서도 그 슬픔을 극복했다. "사무엘이 여호와께 기도하매"(8:6) 여호와께서 신실한 종의 기도를 들으사 능력의 장중에 붙잡으시고 계속 유용한 사람으로 사용하셨다.

6. 노년의 훈련

사무엘의 자녀들이 아버지의 발자취를 따르지 않는다는 것이 사무엘에게 또 하나의 어려움이었다. 사무엘은 어린아이 때에 부주의한 엘리에 대하여 하나님의 심판의 음성을 조용한 밤중에 들었던 것이다. "이는 그가 자기 아들들이 저주를 자청하되 금하지 아니하였음이라"(3:13). 사무엘은 또 아백에서 이스라엘이 패전하는 것을 보았고 (4:1~10), 그 결과로 엘리와 그 아들들이 죽는 것을 보았다. 그런데 여하튼 사무엘 자신도 자녀교육에 성공하지 못했다. 그들로 하여금 백성을 지도하는 과업을 떠맡아 감당하도록 훈련을 시키지 못했다. 물론 우리가 불충분한 증거를 가지고 사무엘을 비평하는 일을 조심해야 한다. 자녀들이 아버지만 못하다 하여 아버지를 무조건 비판할 수는 없는 것이다. 자녀들이 하나님의 뜻을 따르지 아니할 때에 늙은 부모들이 슬픔과 수치를 느낀다는 것을 깨닫기만 한다면 영적으로나 기타 여러 면으로 각성하고 정신을 차릴 것이다. "지혜로운 아들은 아비의 훈계를 들으나 거만한 자는 꾸지람을 즐겨 듣지 아니하느니라 지혜로운 아들은 아비를 즐겁게 하여도 미련한 자는 어미를 업신 여기느니라"(잠 13:1; 15:20). 목회나 사업이나 기타 다른 직업에 있어서 자녀들이 아버지의 뒤를 따르는 것을 보았는데, 그럴 때에 부모님이 얼마나 기쁘겠는가. "의인의 아비는 크게 즐거울 것이요 지혜로운 자식을 낳은 자는 그를 인하여 즐거울 것이니라 네 부모를 즐겁게 하며 네 낳은 어미를 기쁘게 하라"(잠 23:24, 25).

늙은 사무엘에게 또 하나의 어려움은 새 시대의 요구에 적응하는 문제였다. 사무엘은 엘리에 뒤이어 이스라엘의 사사직을 계승했다. 사사직은 여호수아가 죽은 이후 하나님이 정해 주신 직분으로 오래도록 계승된 것이었다(삿 2:16). 이스라엘은 오래도록 사사를 여호와의 대표로 삼은 정치제도, 즉 신정정치에 만족해 있었다. 그런데 이제 와서 땅 위에 있는 다른 나라들처럼 왕을 요구하게 된 것이다 (삼상 8:5). 사무엘은 이때 백성들이 자기를 제쳐놓을 뿐 아니라 하나님마저 거부하고 있다는 것을 직감했다. "그들이 너를 버림이 아니요 나를 버려 자기들의 왕이 되지 못하게 함이니라"(8:7).

하나님께서는 자기의 때에 자기의 사람이 준비되었을 때에 이스라엘에 왕을 주시기를 계획하신 것 같다(신 17:14, 15 참고). 내가 확신하기로는 다윗이 바로 하나님의 마음에 맞는 그 사람이었다(삼상 13:14; 16:7, 12). 사무엘은 다윗이 소년일 때까지 살아있었다(25:1). 이스라엘이 만일 초조하게 행동하지 않았더라면 사울 밑에서 고생하지 않았을 것이다. 사무엘은 백성들에게 왕이 그들에게 부역을 시키고 세금을 거두어가는 짐스러운 존재가 될 것을 보여주며 백성들의 요구에 항의했다. 그러나 소용이 없었다. "백성이 사무엘의 말 듣기를 거절하여 가로되 아니로소이다 우리도 우리 왕이 있어야 하리니 우리도 열방과 같이 되어 … 여호와께서 사무엘에게 이르시되 그들의 말을 들어 왕을 세우라 하시니 사무엘이 이스라엘 사람들에게 이르되 너희는 각기 성읍으로 돌아가라 하니라"(8:19, 20, 22).

다음 세대가 이미 정리되고 실험해 본 길을 떠나 밟아보지 못한 길로 갈 때에 노인들은 아픔을 겪게 된다. 이것이 노년의 어둡고 힘든 훈련이다. 사무엘처럼 진실한 마음으로 눈물을 흘리며 충고할 수도 있을 것이다(8:11~18; 12:6~17). 옛길의 안전성과 효율성을 설명할 수도 있고 하나님의 손이 그 백성의 역사에 나타났다는 사실을 상기시키고 새로운 정치나 종교의 이론과 실제가 위험한 것이라고 말할 수도 있을 것이다. 그러나 그들은 마치 이스라엘 백성처럼 그 충고를 듣지 않을 것이다. 그럴 때에 침울해지거나 지나친 신경을 쓰거나 꾸짖지 아니하고 사무엘처럼 부드럽고 간곡하게 말할 수 있을 것이다. "여호와를 좇는 데서 돌이키지 말고 오직 너희 마음을 다하여 여호와를 섬기라 … 여호와께서는 너희로 자기 백성 삼으신 것을 기뻐하신 고로 그 크신 이름을 인하여 자기 백성을 버리지 아니하실 것이요 나는 너희를 위하여 기도하기를 쉬는 죄를 여호와 앞에 결단코 범치 아니하고 선하고 의로운 도로 너희를 가르칠 것이라"(삼상 12:20, 22, 23).

기도하고 가르치라! 사무엘의 이 말이 노년의 훈련을 잘 감당하도록 하는 원리이다. 활동의 시기가 끝나고 탁월하던 인물이 뒷자리로 물러서고, 좋아하던 자들이 잊어버리고, 어울리던 자리에서 고독의 자리로, 봉사에서 침묵으로, 활력에서 무기력으로, 쓸모있던 자리에서 언뜻 보기에 쓸데없는 사람으로 바뀌게 되는 노년의 시기에 새로운 봉사를 찾아 그것을 감당하면 도전과 위로를 받을 수 있다. 사무엘은 적극적으로 활동하던 시기보다 오히려 은퇴한 후에 더 큰 일을 한 것 같다. 그는 자기 백성과 새로 취임한 왕을 위해 기도했다. 사무엘이 다스리던 그 어느 때보다 더 어둡고 어려운 시기에 사무엘은 기도했다. 사무엘의 기도의 힘을 누가 측량할 수 있으랴? 성경은 이렇게 분명히 말한다. "제사장 중에는 모세와 아론이요 그 이름을 부르는 자 중에는 사무엘이라 저희가 여호와께 간구하매 응답하셨도다"(시 99:6). 기도하는 사무엘이 죽은 후에 하나님은 그를 평가하시기를 율법을 받은 모세와 같이 하나님과 사람 사이의 중보자 역할을 하였다고 높이 평가하신 것이다.

하나님의 족장들이 세상의 일에 매여 있지 않을 때에 새로운 세대가 하나님의 뜻대로 살기 위해 기도할 수 있었다. 아브라함은 이삭과 이스라엘과 롯을 위해 기도했다. 야곱은 자기 아들들과 권속들을 위해 기도했다(창 48, 49장). 모세는 이스라엘이 목자없는 백성이 되지 않도록 기도했다(민 27:15~17). 사무엘은 이스라엘과 사울을 위해 기도했고, 엘리사는 사마리아를 위해 기도했다(왕하 13:14~20). 하나님과 사람을 위해 여러 해 동안 봉사를 한 후 어둡고 침침한 감옥에서 기도하는 한 노인의 기도를 들어보라. "이러하므로 내가 하늘과 땅에 있는 각 족속에게 이름을 주신 아버지 앞에 무릎을 꿇고 비노니 그 영광의 풍성을 따라 그의 성령으로 말미암아 너희 속사람을 능력으로 강건하게 하옵시며 믿음으로 말미암아 그리스도께서 너희 마음에 계시게 하옵시고 … "(엡 3:14~17). 그는 또 이렇게 말할 수 있었다. "내가 너희를 생각할 때마다 나의 하나님께 감사하며 간구할 때마다 너희 무리를 위하여 기쁨으로 항상 간구함은 첫날부터 이제까지 복음에서 너희가 교제함을 인함이라 너희 속에 착한 일을 시작하신 이가 그리스도 예수의 날까지 이루실 줄을 우리가 확신하노라"(빌 1:3~6). 당시 신자들을 위해 기도한 바울의 옥중기도, 그 능력을 누가 측량할 수 있으랴! 더 이상 활동할 수 없는 노년에 이르러 "너희들을 위하여 기도하기를 쉬는 죄를 결코 범치 않겠다"고 하는 노인들의 기도의 힘을 누가 헤아릴 수 있으랴!

노년에 가르치라! 사무엘이 그 동안 정치에 너무 바빠서 가르치는 일에 많은 시간과 노력을 바치지 못했던 것 같다. 정치와 교육은 서로 다른 기능이다. 이제 노인이 되어 더 이상 정치할 수 없게 되자 사무엘은 기도하고 가르칠 수 있게 되었다. 이스라엘 역사를 보면 사무엘이 젊은이들을 모아 성경을 교육하여 그들이 백성 중에 "예언자"들이 되었다(왕하 2:15; 4:38; 6:1). 선지학교는 사무엘 이후 수 세기 동안 신앙과 경건의 훈련장으로 큰 영향을 끼쳤다. 사무엘은 이렇게 공직으로부터 은퇴한 후에 전에 없던 교육과 기도의 기회를 포착함으로써 후세에 좋은 영향을 끼친 것이었다.

날이 기울고 기운이 쇠하고, 문이 닫히고 위로자들이 떠나며, 생의 더위와 짐을 다른 사람들이 떠맡게 될 노년이 오면 은혜롭고 아름답게 늙어라. 후손들이 비록 경험이 적다 해도 그 젊은이들에게 직책을 넘겨주고 새 시대의 요구에 적응하며, 무엇보다 남을 위해 기도하고 일을 찾아 봉사하라. 이것이 노년의 훈련이다. 이 훈련을 잘 감당할 때에 우리는 우리를 가장 필요로 하는 자들에게 생의 활기와 힘을 주게 될 것이다.

7

수치의 훈련

"여호와께서 저에게 명하신 것이니 저로 저주하게 버려두라 혹시 여호와께서 나의 원통함을 감찰하시리니 오늘날 그 저주 까닭에 선으로 내게 갚아주시리라"(삼하 16:11, 12).

하나님이 인간을 갈고 닦고
훈련시키시려 할 때
하나님이 인간을 빚어
고귀한 직분을 감당하도록 할 때
하나님이 진정
위대하고 담대한 인간을 창조하사
온 세상이 놀라도록 할 때
그가 왕족으로 선택한 자들을
얼마나 모질게 다듬어 가시는가!
망치로 치고 부수시며
때려 고치시어
하나님만이 아시는 시련의 모양을 만드신다.
그때 인간은 찢어진 가슴으로 부르짖으며
손을 들어 부르짖나니!
하나님은 굽히시나 부러뜨리시지 않으며
선한 모습을 만들어 가신다.
그는 선택한 자들을 녹여 사용하시며
온갖 연단으로 그의 영광을
드러낼 수 있게 하시니
오직 하나님만 아시는
모진 훈련의 길.

"여호와께서 저에게 명하신 것이니 저로 저주하게 버려두라
혹시 여호와께서 나의 원통함을 감찰하시리니 오늘날
그 저주 까닭에 선으로 내게 갚아주시리라"(삼하 16:11, 12).

우리의 인격이 교정이 필요하면 어떠한 인격교정이든지 인내로써 달게 받고 책망도 달게 받아야 한다. "오직 선을 행함으로 고난을 받고 참으면 이는 하나님 앞에 아름다우니라"(벧전 2:20). 대꾸하고 싶고 우리가 받은 욕설을 이자를 붙여 되돌려주고 싶고 우리의 순수한 방법과 동기가 비난거리가 될 때, 변명하고 싶을 때 이 말씀을 기억하라. "애매히 고난을 받아도 하나님을 생각함으로 슬픔을 참으면 이는 아름다우니 … 이를 위하여 너희가 부르심을 입었으니 그리스도도 너희를 위하여 고난을 받으사 너희에게 본을 끼쳐 그 자취를 따라오게 하려 하셨느니라 … 욕을 받으시되 대신 욕하지 아니하시고 고난을 받으시되 위협하지 아니하시고 오직 공의로 심판하시는 자에게 부탁하시며"(벧전 2:19, 21, 23).

이것이 영혼의 깊은 훈련이며 우리가 하나님의 참 아들인 증거이다. 주 예수 그리스도께서도 이렇게 말씀하셨다. "나는 너희에게 이르노니 너희 원수를 사랑하며 너희를 핍박하는 자를 위하여 기도하라 이같이 한즉 하늘에 계신 너희 아버지의 아들이 되리니 이는 하나님이 그 해를 악인과 선인에게 비취게 하시며 비를 의로운 자와 불의한 자에게 내리우심이니라"(마 5:44, 45).

수치의 훈련을 모범적으로 잘 감당한 자는 다윗이다. 그는 시므이

앞에서 수치의 훈련을 받았다(삼하 16:5~14). 이 베냐민족이 왕을 모독할 때 그야말로 참기 어려운 잔인한 순간이었을 것이다. 다윗 왕은 이제 노년에 접어들었고 왕국으로부터 쫓겨나는 처량한 신세가 되었다. 그것도 자기의 몹시 사랑하는 아들 압살롬의 반란 때문에 된 일이었다. 압살롬이 준 상처도 못견딜 지경인데 게다가 시므이마저 모독의 화살을 쏘아댄 것이다(삼하 15:4 참고). 늙은 아버지의 피를 흘리는 가슴에 시므이가 이런 욕설을 퍼부었다. "피를 흘린 자여 비루한 자여 가거라 가거라"(삼하 16:7). 시므이가 산비탈로 따라오면서 돌을 던졌는데 그 던진 돌보다 더 깊은 상처를 준 것은 바로 그의 욕설이었다(16:13).

시므이의 저주를 들은 다윗의 용장들은 견딜 수 없었다. 그들의 사나운 분개심을 잘 나타내는 것이 아비새의 이러한 요청이다. "이 죽은 개가 어찌 내 주 왕을 저주하리이까 청컨대 나로 건너가서 저의 머리를 베게 하소서"(16:9).

다윗의 반응은 깊은 감동을 준다. 그는 그 잘못된 인간에 대한 자비와 전능하신 하나님에 대한 의뢰심을 보여주었다. "저로 저주하게 버려두라 혹시 여호와께서 나의 원통함을 감찰하시리니 … "(16:11, 12). 다윗은 오래 전에 여러 차례 비슷한 어려움을 겪었었다. 그는 그것을 통해 공의로 판단하시는 자에게 그의 사정을 일임하는 법을 배웠던 것이다. 젊은 날 그는 나발의 배은망덕과 욕설에 대해 혈기를 부린 적이 있었다(삼상 25:2~13). 그때 하나님께서 은혜로 섭리하사 다윗의 혈기를 억제하셨으며 아비가일의 부드러운 말을 듣게 하셨다. "내 주께서 무죄한 피를 흘리셨다든지 내 주께서 친히 보수하셨다든지 함을 인하여 슬퍼하실 것도 없고 내 주의 마음에 걸리는 것도 없으시리니"(25:31). 그때 다윗은 악을 악으로 갚지 않기로 결정하였고 그 후에 하나님께서 처리하시는 것을 보았던 것이다(25:32~38).

이러한 교훈이 다윗의 시편 여러 곳에 기록되어 있다. 거의 매페이지마다 그것이 기록되어 있고 우리도 역시 그런 훈련이 필요한 것을 보여준다. "여호와여 도우소서 경건한 자가 끊어지며 충실한 자가 인생 중에 없어지도소이다 저희가 이웃에게 각기 거짓을 말함이여 아첨하는 입술과 두 마음으로 말하는도다", "여호와의 말씀에 가련한 자의 눌림과 궁핍한 자의 탄식을 인하여 내가 이제 일어나 저를 그 원하는 안전지대에 두리라 하시도다"(시 12:1, 2, 5). 다윗은 경악 중에 이렇게 부르짖었다. "불의한 증인이 일어나서 내가 알지 못하는 일로 내게 힐문하며 내게 선을 악으로 갚아 나의 영혼을 외롭게 하나 나는 저희가 병들었을 때에 굵은 베옷을 입으며 금식하여 내 영혼을 괴롭게 하였더니 내 기도가 내 품으로 돌아왔도다 내가 나의 친구와 형제에게 행함같이 저희에게 행하였으며 내가 굽히고 슬퍼하기를 모친을 곡함같이 하였도다 오직 내가 환난을 당하매 저희가 기뻐하여 서로 모임이여 비류가 나의 알지 못하는 중에 모여 나를 치며 찢기를 마지아니하도다"(시 35:11~15).

다윗은 또 하나님의 도움심을 받아 이렇게 결심했다. "내가 말하기를 나의 행위를 조심하여 내 혀로 범죄치 아니하리니 악인이 내 앞에 있을 때에 내가 내 입에 자갈을 먹이리라 하였도다"(시 39:1). 그는 또 이것을 깨달았다. "내가 악인의 큰 세력을 본즉 그 본토에 선 푸른 나무의 무성함 같으나 사람이 지날 때에 저가 없어졌으니 내가 찾아도 발견치 못하였도다"(37:35, 36). 그는 오랫동안 깊은 체험을 한 후에 이렇게 간증할 수 있었다. "주를 두려워하는 자를 위하여 쌓아두신 은혜 곧 인생 앞에서 주께 피하는 자를 위하여 베푸신 은혜가 어찌 그리 큰지요 주께서 저희를 주의 은밀한 곳에 숨기사 사람의 꾀에서 벗어나게 하시고 비밀히 장막에 감추사 구설의 다툼에서 면하게 하시리이다 여호와를 찬송할지어다 견고한 성에서 그 기이한 인자를 내게 보이셨음이로다"(31:19~21).

시편 3편의 제목을 보면 다윗이 압살롬을 피할 때에 기록한 것이다. 다윗 왕이 유배될 때에 되씹었던 생각들을 생생하고 정확하게 묘사하고 있다. 다윗을 해치려고 일어나서 괴롭히는 자들이 많았으나(1절), 그는 이렇게 말할 수 있었다. "여호와여 주는 나의 방패시요 나의 영광이시요 나의 머리를 드시는 자니이다"(3절). 그를 괴롭히는 자들 중에서도 추근추근 따라붙으며 집적대고 괴롭힌 사람은 시므이였는데 다윗은 그때에도 찢어진 가슴을 안고 "그로 저주하도록 내버려두라"고 말할 수 있었다.

야비하고 통렬한 욕설을 참아내고 "유순한 대답은 분노를 쉬게 한다"(잠 15:1)는 교훈을 보여준 자는 비록 다윗만이 아니었다. 모세도 무리들로부터 저주와 야유를 받았을 때 참아내었고 심지어 누님과 형님이 자기 후처에 대해 날조한 비난을 가져왔을 때에도 묵묵히 참아내었다. 그는 당시에 가장 온유한 사람이었다(민 12장). 고라와 그 일당이 심한 욕설을 퍼부었을 때에도 얼굴을 땅에 대고 엎드려 모든 문제를 하나님께 맡겼던 것이다(민 17장). 이 두 가지 경우에 있어서 겸손하게 의지하는 하나님의 종 모세를 하나님께서 그 억울함에서 풀어주시고 높이셨던 것이다.

주 예수 그리스도 자신도 수치의 훈련이 무엇인지를 누구보다 잘 아셨다. 인자보다 더 많은 비난과 거짓 증거를 받은 자가 있었겠는가? 손 마른 자를 고쳐주신 주님께서는 당시 정치인들의 분노를 샀고 그들은 그를 없애버리려고 음모까지 꾸몄다(막 3:1~6). 귀신들린 불쌍한 인간들을 귀신의 세력으로부터 구출하여 주셨을 때 귀신의 힘을 덧입은 자라는 누명을 덮어쓰셨다(3:22~30). 고향에서 긍휼과 능력을 베푸셨을 때는 나사렛 사람들로부터 이런 야유를 받으셨다. "이 사람이 목수가 아니냐"(6:3). 그의 제자 중의 한 사람이 입을 맞추며 그를 배반했다(14:45). 최후의 재판석상에서 많은 거짓

증인들이 그를 모함하였으나 그는 잠잠하셨다(14:61). 그를 죽일 수도 있고 살릴 수도 있는 빌라도 앞에 섰을 때 당시 백성의 지도자들인 대제사장들의 많은 고소를 받았으나 "그는 아무것도 대답하시지 않았다"(15:3, 5). 그는 육체로 계실 때에 이사야의 예언의 말씀을 성취하셨다. "그는 외치지 아니하며 목소리를 높이지 아니하며 그 소리로 거리에 들리게 아니하며 상한 갈대를 꺾지 아니하며 꺼져가는 등불을 끄지 아니하고 진리로 공의를 베풀 것이라"(사 42:2, 3). 그리고 죽음의 골짜기에서 그는 다음의 예언을 성취하셨다. "그가 곤욕을 당하여 괴로울 때에도 그 입을 열지 아니하였음이여 마치 도수장으로 끌려가는 어린 양과 털 깎는 자 앞에 잠잠한 양같이 그 입을 열지 아니하였도다"(53:7). 그는 자신이 교훈하신 대로 실천하셨다. "나를 인하여 너희를 욕하고 핍박하고 거짓으로 너희를 거스려 모든 악한 말을 할 때에는 너희에게 복이 있나니 기뻐하고 즐거워하라 하늘에서 너희 상이 큼이라 너희 전에 있던 선지자들을 이같이 핍박하였느니라"(마 5:11, 12).

바울은 겸손하신 주님의 탁월한 종으로서 수치훈련의 열매를 나타내보였던 자였다. 그는 수치훈련이 무엇인지를 알았다. "우리가 사방으로 우겨쌈을 당하여도 싸이지 아니하며 … 핍박을 받아도 버린 바 되지 아니하며 거꾸러뜨림을 당하여도 망하지 아니하고"(고후 4:8, 9). 마게도냐에서 소요가 일어났을 때도 그는 이렇게 말할 수 있었다. "우리가 사방으로 환난을 당하여 밖으로는 다툼이요 안으로는 두려움이라"(고후 7:5). 그는 복음실천의 바른 원리를 이렇게 선언했다. "아무에게도 악으로 악을 갚지 말고 모든 사람 앞에서 선한 일을 도모하라 할 수 있거든 너희로서는 모든 사람으로 더불어 평화하라 내 사랑하는 자들아 너희가 친히 원수를 갚지 말고 진노하심에 맡기라 기록되었으되 원수갚는 것이 내게 있으니 내가 갚으리라고 주께서 말씀하시니라 네 원수가 주리거든 먹이고 목마르거든 마시우라 그리함으로 네가 숯불을 그 머리에 쌓아 놓으리라 악에게 지지 말고 선으로 악을 이기라"(롬 12:17~21).

수치의 훈련, 그것이 우리 영혼 속에 깊이 파고들어가서 아픔을 주어도 하나님의 향기는 풍겨나는 아름다운 꽃, 즉 주 예수 그리스도의 은혜의 꽃이 깊은 땅을 뚫고 올라와 피어나는 것이다.

8

변명의 훈련

"나를 위하여 슬퍼하는 자가 하나도 없도다"(삼상 22:8).

그의 깃발 밑에서

하나님과 당신 사이엔 사랑의 벨
땅과 그대 사이엔 불신과 공포
죄와 그대 사이엔 증오와 전쟁
밤이 지나갈 때까지
하늘과 그대 사이엔 소망이 넘치리.

― 헬데의 메췰드(Mechthild of Hellfde, 1277년) ―

"나를 위하여 슬퍼하는 자가 하나도 없도다"(삼상 22:8).

이 말은 대왕 사울의 말이다. 대왕이 어떻게 이런 말을 할 수 있었을까? 주권자가 비굴하게, 군주가 비참하고 저열하게, 대왕이 못난 어린아이처럼! 이 한 마디의 말이 이스라엘의 초대 왕 사울의 인격을 꿰뚫어볼 수 있도록 해준다.

사울이 왕위에 오를 당시에는 이기심과 자기 연민이 두드러지게 나타나지 않았다. 오히려 칭찬할 만한 성격이 나타났다. 그는 좋은 가문에서(삼상 9:1) 자란 충실한 자식으로서 "준수한 소년이라 이스라엘 자손 중에 그보다 더 준수한 자가 없었다"(9:2). 그는 키가 크고 훤칠하게 생겼고 유능하고 협동심이 있어서 하나님의 백성을 다스릴 만한 자격을 갖추고 있었다(9:16). 게다가 잘난 체하지 않고 겸손했다. 자기가 왕으로 기름부음 받은 데 대해 자기 친척들에게도 자랑하지 않았다(10:14~16). 왕으로 세워 대중 앞에 공포하려고 사울을 찾았을 때 사울은 "행구 사이에 숨어 있었다"(10;22). 그는 자기를 비판하는 자들에게 대꾸하지도 않았다(젊은이로서 주권자가 되었어도 별로 조롱하는 자가 많지 않았다). 어떤 이들이 "멸시하며 예물을 드리지 아니하여도 … 그는 잠잠하였다"(10:27). 이 점은 참 좋은 점이다. 남들이 악한 말로 무지비하게 욕을 해도, 조롱하고 비웃어도 입을 다물고 있다는 것은 인격이 훌륭하고 하나님을 의지하고 있음을 보여주는 것이다. 그들은 사울이 일을 해보기 전에 미리 비판했으나 사울은 입을 다물었다.

드디어 지도자의 자질을 드러낼 때가 왔을 때 사울은 역시 지도자다웠다(11:4~11). 그의 지휘하에 큰 승리를 거두었다. 뿐만 아니라 그는 관대한 왕이었다. 그의 군사들이 그를 비판하던 자들을 처형하려 했을 때 "이 날에는 사람을 죽이지 못하리니 여호와께서 오늘날 이스라엘 중에 구원을 베푸셨음이니라"(11:13)고 했다. 얼마나 위대한 왕인가!

그러나 그의 인격의 결함이 드러나기 시작했다. 계속 왕위에 머물러 있으려면 그 결함을 고쳐야 했다. 가정에서의 교육과 사무엘의 손에 하나님의 기름부음을 받았음에도 불구하고 그는 영안이 어두웠던 것 같다. 그는 하나님을 의지하는 것처럼 말했으나 실상 세속적인 사람이었다. 그는 본능적이었고 고집불통이었다. 사무엘이 군대를 방문할 때 제시간에 나타나지 않자 사울은 제사장의 권리를 찬탈하여 제사를 드렸다. 우리가 생각할 때는 이러한 월권행위가 별 것 아닌 것처럼 보인다. 왜냐하면 우리는 유대인들의 제사법의 배경을 모르고 있고 제단과 제사가 얼마나 성스러운가를 모르고 있기 때문이다. 사울이 이렇게 하나님의 일을 무시한 것을 사무엘이 보았을 때 사무엘은 사울이 왕의 기본 자질이 부족함을 분명히 알았다(13:13, 14).

사울은 이렇게 하나님과의 관계 뿐 아니라 대인관계에서도 결함이 있었다. 불리하던(13:15~23) 전세가 역전되어 위대한 승리가 눈앞에 다가왔을 때에 사울 왕은 병사들에게 아무것도 먹지 못하게 함으로써 오히려 병사들의 사기를 꺾어 놓았던 것이다(14:24). 그의 아들 요나단도 자기 아버지의 실수를 인정했다. "내 부친이 이 땅으로 곤란케 하셨도다 보라 내가 이 꿀 조금을 맛보고도 내 눈이 이렇게 밝았거든 하물며 오늘 그 대적에게서 탈취하여 얻은 것을 임의로 먹었더면 블레셋 사람을 살륙함이 더욱 많지 아니하였겠느냐"(14:29, 30). 사울은 대인관계와 대신관계에 대한 객관적인 교훈을 받았었으나 그 교훈을 실천하지 못했다. 실천했더라면 왕위를 계속 지켰겠지만, 실천하지 못했으므로 왕위를 잃게 된 것이다.

몇 년 뒤 드디어 시험을 받게 되었다. 이스라엘의 사나운 대적 아말렉과의 전쟁에서 사울에게 주어진 명령은 명백했다. 그러나 그는 그 명령에 부분적으로 순종했다. "사울과 백성이 아각과 그 양과 소의 가장 좋은 것 … 모든 것을 남기고 진멸키를 즐겨 아니하고 가치 없고 낮은 것은 진멸하니라"(15:9). 사울은 시험을 치렀고 그 시험에서 불합격하였다. 지극히 높으신 하나님께서 사무엘에게 하신 말씀을 보라. "내가 사울을 세워 왕 삼은 것을 후회하노니 그가 돌이켜서 나를 좇지 아니하며 내 명령을 이루지 아니하였음이니라"(15:11).

사울은 백성 중에서 선택된 자로서 왕위를 위임받아서 하나님에 대한 무조건적 순종의 시험을 받았을 때 불합격자로 판명이 난 것이다. 그때 사울은 어떤 변명을 하였는가? "나는 실로 여호와의 목소리를 청종하여 … 다만 백성이 … "(15:20, 21). 이전에도 제사장이 할 일을 월권으로 행했을 때 비슷한 변명을 했다. "백성은 나에게서 흩어지고 … 블레셋 사람은 몰려오고 … "(13:11, 12). 백성 때문에, 블레셋 사람 때문에—항상 다른 사람 때문에 그랬다는 식으로 변명하였다. 대왕이 이런 변명을 할 수 있겠는가! 조급함과 교만—이것은 왕다운 성품, 아니 인간다운 성품도 아니다. 이런 성품은 자기 속에서 극복해서 처리해 버려야 할 성격인데 사울은 오히려 그런 성격에 지배를 당하고 말았다. 사울은 나이가 들어가면서 점점 더 소인(小人)이 되어갔다. 하찮은 사람, 까다로운 사람, 불쌍한 사람으로 변해갔다. 그는 스스로 통곡하면서 자기의 실체를 드러냈다.

"너희 중에 나를 위하여 슬퍼하는 자가 하나도 없도다."

　이것이 소위 변명의 훈련이다. 사람이 공세를 취하고 있는 동안, 즉 자기의 약점과 제한을 잘 알고 있고 하나님과 인간에게 적극적으로 봉사하고 있는 동안 용감하고 관용하고 이타적이고 관대할 수 있다. 그러나 사람이 수세를 취하고 있을 때, 즉 자기의 입장과 정책과 과정과 인격과 계획을 변명하고 있는 한, 비겁하고 이기적이고 자기 중심적이고 좁디 좁은 인간이 될 수밖에 없다. 남자답게 관대할 때 이런 모욕과 상처를 극소화시킬 수 있지만, 자기를 변명하는 사람은 이런 관대함이 없다. 이런 사람은 필립 브룩스(Phillip Brooks)의 기도에서 나타난 바와 같이 자기 자신의 영혼의 건강에 대해서는 관심이 없는 사람인 것이다. "나의 동료들을 의심하지 않게 하옵소서. 배은망덕과 배반과 야비함 속에서도 쓴 마음을 품지 말게 하옵소서. 작은 상처를 받을 때에 고민하지 않게 하시며 남에게 작은 찔림도 주지 않게 하옵소서."

　자기 중심의 인간은 나약하고 예민하고 이기적인 인간이 된다. 자기 연민의 사람은 선을 위해 힘을 발휘해야 할 때 오히려 애수의 사람, 불쌍한 사람이 된다. 자기만 최고인 줄 아는 사람은 자기 보기에는 자기가 대단해도 남들 보기에는 하찮은 존재가 된다. 기만은 멸시를 낳는다. 남의 성공에 쓴 마음을 품으면 자신의 결함을 보지 못한다. 시기는 자신을 시기할 만한 가치가 없는 사람으로 전락시킨다. 조급하면 하찮은 사람이 된다. 스스로 자기의 응석을 받아주면 남을 냉소하게 된다. 자기 방임은 게으름을 낳는다. 자기 변명은 자기의 존엄성을 망치고 인간 이하의 인간이 되게 한다.

　이것이 바로 변명의 훈련이다. 훌쩍거리는 것은 나약한 것이고 불평하는 것은 비겁한 것이며 남에게 잘못을 돌리는 것은 철없는 것이며 소리지르는 것은 쓸데없고 모멸스러운 짓이다.

변명의 훈련이란 변명하고 싶을 때 변명하지 않는 훈련 즉 자기 중심성, 자기 연민, 자만심, 자기 방임, 기타 자기 변명을 제거해 버리는 훈련이다. 남들이 창찬을 받거든 축하해 주어라(고전 12: 26). 너 자신이 소홀한 취급을 받거든 잊어버리라. 일이 너무 벅차서 도무지 못하겠거든 너 자신과 남에게 그것을 인정하고 은혜롭게 물러서라. 그러면 정말 훌륭한 사람이 될 것이다. 남이 그 일을 너보다 더 잘하겠거든 그것을 물려주고 "하나님이 축복하시길 바란다"고 축복하라. 밥통에 머리를 박고 혹시 다른 개가 먹을까봐 이빨을 내밀고 으르렁대는 개처럼 되지 말고 친절과 호의를 베풀어라. 잡종 개(cur)가 되지 말고 기독교인(Christian)이 되라!

변명의 훈련이란 다음의 말씀을 지키는 것이다. "형제를 사랑하여 서로 우애하고 존경하기를 서로 먼저 하며 … 마땅히 생각할 그 이상의 생각을 품지 말고 오직 하나님께서 각 사람에게 나눠주신 믿음의 분량대로 지혜롭게 생각하라 … 너희를 핍박하는 자를 축복하라 축복하고 저주하지 말라"(롬 12:10, 13, 14).

"아무 일에든지 다툼이나 허영으로 하지 말고 오직 겸손한 마음으로 각각 자기보다 남을 낫게 여기고 … 모든 일을 원망과 시비가 없이 하라 이는 너희가 흠이 없고 순전하여 어그러지고 거스리는 세대 가운데서 하나님의 흠없는 자녀로 세상에서 그들 가운데 빛들로 나타내라"(빌 2:3, 14, 15). 자기 책임을 다하고 남에게 선행하라.

자기를 변명하는 것은 천박하고 비열하고 파괴적인 곳으로 스스로 내려가는 어리석음이다. 자기를 부인하는 것은 값지고 건전하고 유용한 곳으로 스스로 올라가는 지혜이다. 그것은 하나님의 자녀답게 사는 것이다. 고난의 용광로 속에서 다듬어지고 생의 시련 속에서 시험을 통과하여 "자기를 비어 … 죽기까지 복종하신" 하나님의 아들(빌 2:7~9)에게 완전히 순종하며 사는 생활이다. 십자가를 지는 것은 천국의 왕권을 드러내는 것이지만 십자가를 부인하는 것은 초라한 자기 자신을 지키는 것이다. 자기 연민에 빠지는 것은 자기를 비하시키는 것이지만 성령의 능력으로 인간답게 사는 것은 자기를 변명하시지 않는 그분을 기쁘시게 해드리는 것이다.

> 어디든지 예수 나를 이끌면
> 어디든지 예수 함께 가려네
> 예수 같이 아니 가면 낙없고
> 항상 예수 함께 하면 겁없네
> 세상 친구 모두 나를 떠나도
> 예수 함께 가면 외롬 없겠네
> 가는 길이 위태하고 험해도
> 어디든지 예수 함께 가려네.
>
> ― 통일 찬송가 497장 ―

9

기형의 훈련

"저는 자도 그 재물을 취할 것이며"(사 33:23).

잔약하고 피곤하니

잔약하고 피곤하니 괴롭잖은가?
주의 말씀 내게 와서 쉬어라.
주께 인도하는 표가 어떤 것인가?
옆구리와 수족 상한 흔적 있도다.
임금같이 면류관을 쓰고 계셨네.
면류관을 쓰셨으나 가시뿐.
주를 보러 찾아가면 생전 어떨꼬?
욕과 누와 모든 고생 많도다.
그러하나 따라가면 사후 어떨꼬?
우환 질고 모두 끊고 낙 얻네.
주께 내 몸 드리오면 안 받으실까?
구주 대답하시기를 받겠다.

— 새찬송가 445장 —

"저는 자도 그 재물을 취할 것이며"(사 33:23).

　육체적인 기형의 훈련보다 영혼 속에 깊이 파고드는 훈련은 아마 없을 것이다. 의심, 실망, 수치, 절망, 질병의 훈련도 육체의 핸디캡보다 더 깊이 파고들지 못한다. 육체의 핸디캡 뒤에는 좌절과 공포가 따라온다. 그래서 인생 자체가 미치고 어리석은 장난처럼 보이고 아무 쓸데없는 것처럼 보인다. 그러나 지극히 높으신 분께서는 그 무한하신 자비와 긍휼로 이렇게 말씀하신다. "너희는 약한 손을 강하게 하여 주며 떨리는 무릎을 굳게 하여 주며 겁내는 자에게 이르기를 너는 굳세게 하라 두려워 말라 보라 너희 하나님이 오사 보수하시며 보복하여 주실 것이라 그가 오사 너희를 구하시리라 하라 그때에 소경의 눈이 밝을 것이며 귀머거리의 귀가 열릴 것이며 그때에 저는 자는 사슴같이 뛸 것이며 벙어리의 혀는 노래하리니 이는 광야에서 물이 솟겠고 사막에서 시내가 흐를 것임이라"(사 35: 3~6).

　바이런 경(Lord Byron)은 자신의 육체적 불구를 한탄하며 다음과 같이 쓰라린 고백을 하였다.

　"나의 불쌍한 어머니는 매일 화를 내시었다. 때때로 나를 미칠 지경으로 몰고 가곤 하셨다. 특히 내가 불구라 하여 나를 꾸중하실 때 나는 어머니 곁을 떠나 한적한 곳으로 가서 남이 보지 않는 데서 내가 겪은 분노와 절망을 터뜨리곤 했다. 나는 나의 불구를 저주하였다. 그러다가 나는 그것이 조물주의 불공평한 작품이라고 생각하게 되었다. 생각하면 괴로운 순간들이었다. 지금껏 그 쓰라린 기억이 생생하다. 그것 때문에 본래 따뜻하던 나의 마음이 암에 걸린 것 같았다. 격렬하던 나의 혈기마저 허물어져 버렸다. 육체가 기형이니 마음마저 비뚤어지는 것 같았다. 나의 어린 시절을 회고해 보면 그때의 격렬한 감정을 기억할 수 있다. 그때의 인상을 지워버릴 수가 없다. 나의 불쌍한 어머니 생각이 난다. 학교에서 친구들이 절름발이라고 놀리던 것이 생각난다. 나는 절름발이가 최대의 불행이라고 생각했다. 나는 이런 생각을 극복할 수가 없었다. 기형이 마음속을 파먹어 들면서 주는 그 쓴 뿌리는 보통의 성품과 보통의 각오로써는 뽑아내기가 어렵다. 이 쓴 마음은 번져서 결국 온 세상을 비관적으로 보게 된다. 기형이 있으면 아무리 아름다운 얼굴도 일그러지게 마련이라는 글을 읽어 본 적도 있다. 기형을 가진 사람이 자기가 불구자라고 의심하게 되면 그 얼굴에 습관적으로 불만의 표정이 생기기 때문일 것이다. 다리가 병신이라고 해서 온몸마저 비뚤어지란 법은 없는데 이것이 그렇게 되니 정말 기가 막힌다."

(Blessington 백작부인이 쓴 『바이런 경과의 대화록』 p. 143, 144).

바이런같이 슬픔에 사로잡힌 자가 "쓴 마음이 번져서 결국 온 세상을 비관적으로 보게 하는" 그런 자학적 내향성에서 벗어나서 "저는 자가 사슴같이 뛸 것"이라는 이사야의 약속을 바라볼 수만 있다면 얼마나 좋겠는가. 바이런과 또 바이런과 같은 처지에 있는 수많은 사람들이, 말할 수 없이 잔인한 육체의 "가시" 때문에 세 번이나 제거해 달라고 기도하였으나 그대로 남아있는 가시를 보고 큰 진리를 깨달은 바울의 간증을 들을 수 있다면 얼마나 좋을까. 바울은 육체의 "가시"를 제거하는 것보다 더 큰 기쁨이 있다는 것을 배웠다. 그는 주 예수 그리스도로부터 "내 은혜가 네게 족하도다 이는 내 능력이 약한 데서 온전하여짐이라"는 교훈을 배웠다(고후 12:9). 그 결과 그는 큰 기쁨을 맛보며 이렇게 말할 수 있었다. "이러므로 도리어 크게 기뻐함으로 나의 여러 약한 것들에 대하여 자랑하리니 이는 그리스도의 능력으로 내게 머물게 하려 함이라 그러므로 내가 그리스도를 위하여 약한 것들과 능욕과 궁핍과 핍박과 곤란을 기뻐하노니 이는 내가 약할 그때에 곧 강함이니라"(고후 12:9, 10).

은혜가 충족하고 약할 그때에 곧 강하고, 약함을 도리어 기뻐하며, 그리하여 그리스도의 능력이 그 위에 머물게 되는 것—이것이 기형의 훈련이다. 이것이 가시를 이기는 승리요, 고난을 두고 부르는 노래요, 능욕을 두고 느끼는 기쁨이요, 은혜를 자랑하는 자랑이요, 기형을 이기는 비결이다.

저는 자가 왕을 알현하고 왕의 총애를 받게 되었다. 다윗은 젊은 날의 친구 요나단과의 언약을 기억하며(삼상 20:14~16; 23:18; 삼하 21:7), 요나단의 아들들을 도우려고 애를 쓰던 중 므비보셋이란 이름을 가진 다리를 저는 요나단의 아들이 있음을 알았다(삼하 9:3). 이 저는 자를 사랑과 관심과 자비로 돌아보고 필요한 것을 공급하였으며 심지어 왕의 상에서 같이 식사하는 특권까지 베풀게 되었다. "므비보셋이 항상 왕의 상에서 먹으므로 예루살렘에 거하니라 그는 두 발이 다 절뚝이더라"(삼하 9:13). 불구자였지만 왕궁에 거할 수 있었고, 절었지만 다윗의 사랑을 받았고, 기형이었지만 왕과 함께 식사할 수 있었다. 다윗이 이처럼 불구자를 긍휼히 여겼다면 다윗의 위대한 후손이신 영광의 주님은 얼마나 더 긍휼히 여기시겠는가!

문둥병자가 왕을 섬긴 예도 있다. "불결한 자"라는 판결을 받고 백성들의 거주지 밖으로 쫓겨난 문둥병자, 동료 인간들이 싫어 버린 문둥병자는 실로 자기 자신에게 짐이요, 타인들에게 독소처럼 보였다. 그러나 하나님께서는 바로 이 문둥병자에게 적군이 물러간 것을 보여주셨으며 하나님의 종 엘리사의 예언대로 사마리아의 그 많은 무리들에게 풍성한 양식을 보여주실 때에 바로 이들을 사용하신 것이다(왕하 7장). "내일 이맘때 사마리아 성문에서 고운 가루 한 스아에 한 세겔을 한다"는 예언이 도무지 이루어질 것 같지 않아서 한 장관이 이렇게 항변했다. "여호와께서 하늘에 창을 내신들 어찌 이런 일이 있으리요"(7:2).

전능하신 하나님은 "하늘에 창"을 내셔서(말 3:10) 자기의 궁핍한 자녀들에게 축복을 쏟아부어 주시는 분이다. 그러나 하나님은 하늘에 축복의 창을 여실 때에 쓸모없는 불구자들을 사용하시기를 기뻐하셨다. 열왕기하 7장에 네 명의 문둥병자가 왕과 백성들에게 엘리사의 예언성취를 보여준 것이다. 보잘것없는 자들이 호기를 만나고 무능한 자들이 공헌을 하고 볼품없는 자들이 하나님과 동료들을 섬기고 불구자들이 하늘의 창을 여는 데 일익을 담당하는 것이다.

번연(Bunyan)은, 약해서 아무 데도 쓸 곳이 없다고 스스로 생각하는 시련과 고난 중에 처한 자들을 부드럽게 묘사하고 있다. "담력"과 그의 용감한 친구들, 이를테면 "정직"과 "크리티아나"와 그의 건강한 네 아들들, "긍휼"과 기타 여럿이 "위대한 왕"의 성으로 가던 도중에 "겁쟁이"를 만났는데 그 "겁쟁이"는 우물쭈물하면서 그 자리에 머물러 있으려는 눈치를 보였다(번연이 말하는 "겁쟁이"는 정신적으로 무능한 자를 의미한 것이 아니라 "신앙이 약한 자"를 의미한 것임). "겁쟁이"는 그 훌륭한 순례자들과 동행하기를 주저하면서 이렇게 사양한다. "아! 나는 내게 맞는 동료를 원합니다. 당신들은 모두 튼튼하고 건장하지만 보시다시피 나는 약합니다 … 나는 여러 약점을 볼 때 나는 나 자신과 당신들에게 짐스럽습니다 … 나는 너무 약해서 남들이 자유롭게 할 수 있는 일에도 피해를 입습니다. 나는 오직 모든 진리를 모릅니다. 나는 아주 무식한 기독교인입니다 … . 나는 마치 강한 자들 중에 끼어있는 약한 사람과 같고 건강한 사람들

중에 끼어있는 병자와 같고 천대받는 등불과도 같습니다."

그들이 이렇게 말을 주고받는 동안 "중단이"가 손에 크런치를 잡고 지나갔다. 그도 역시 순례길을 가는 중이었다. "겁쟁이"는 "중단이"에게 말을 걸었다. "나는 지금 적당한 친구가 없다고 불평하던 참인데 자네야말로 진정 내가 원하는 친구일세." 이 말에 중단이도 쾌히 응답하고 그에게 크런치 하나를 주었다.

불구자보다 약자를 더 동정하는 자가 어디 있겠으며 지체 부자유자보다 불쌍한 자들을 이해하는 자들이 어디 있겠는가?

하나님의 "저는 자녀들"과 "문둥병자들"이 남들에게 사랑과 기쁨을 줄 수 있고 눈먼 자들이 보이지 않는 영광스러운 세계를 보여줄 수 있는 것이다. "오, 나를 사로잡는 사랑이여"란 성가를 듣고 감동을 받지 않는 신자가 있겠는가? 그것을 지은 자가 장님이었음을 기억할 때 더욱 감동적인 노래인 것이다. 에딘버러의 신학박사 마테슨(George Matheson) 목사는 장님이었지만 하나님의 놀라운 사랑을 볼 수 있었고 그 사랑을 남들에게 보여줄 수 있었던 것이다. 믿음으로 차고 넘치는 마음을 가지고 그는 자기와 같이 지체가 부자유한 자들과 우리 모두에게 이런 말을 남겼다.

"내 영혼아 성전 미문에 절름발이가 누워있었음을 기억하라. 무기력한 순간마다 그것을 기억하라. 십자가의 체험이 동정의 성전으로 들어가는 미문임을 기억하라. 그것이 천국가는 유일한 문이라고 말하지는 않는다. 천국에는 맨션이 많이 있으니까. 그대는 여기서 훈련을 받음으로써 천국의 전이 어떠함을 알 수 있으리라. 아마 그대는 여기서 무엇을 찾고 있는 마음일 것인데 천국에도 역시 찾는 자들이 있다. 아마 그대는 웅변의 재질을 가지고 있을지 모르는데 천국에도 하나님의 영광을 말하는 자들이 있다. 여기서 예술가의 재능을 가지고 있다면 천국에도 주님의 영광을 볼 수 있는 곳이 있다. 그러나 그대의 운명은 이 찌그러진 대문이 가장 아름다운 미문임을 기억하라. 여기가 긍휼의 예술을 배울 수 있는 학교이다. 여기가 참된 봉사를 위한 훈련소이다. 그대를 옭아매고 있는 이 장애물은 날개가 돋아날 징조이니 어느 날 그대는 그것을 가지고 훨훨 날아갈 것이다."

보이지 않는 그늘에서 보고, 슬픔을 되씹으며 노래하고, 저는 다리의 고독 속에서 봉사하며 이 모든 것을 충족한 은혜에 힘입어 하는 것—바로 이것이 불구의 훈련으로서 우리의 영혼을 아름답게 하고 남들의 영혼을 강하게 해주는 것이다.

10

지연의 훈련

"너희에게 인내가 필요함은" (히 10:36).

내 영혼아, "하나님이 어떻게
내 근심을 해결하실까?" 하지 말라
전능자의 종들이 어디에나
있음을 기억하라.

그의 도우심은 항상 확실하나
그의 방법은 거의 예측할 수 없다
지연되면 우리의 기쁨이 순수할 것이고
갑자기 되면 멋을 돋굴 것이다.

그의 지혜는 숭고하고
그의 마음은 오묘하고 자비하며
하나님은 결코 자기 때보다
앞서지도 뒤서지도 않으신다.

그대에게 아무도 함께 질 수 없는
무거운 짐이 있는가?
그 짐을 하나님을 위해 지고 간다면
하나님이 보시지 못하시랴?

— J. J. 린치(J. J. Lynch) —

"너희에게 인내가 필요함은" (히 10:36).

하나님에게 있어서 실망은 희망의 징조요, 지연은 거절이 아니라는 말을 자주 들어왔는데 이 말을 우리는 그대로 믿고 있는가? 지연이 되면 모든 희망이 다 깨어지는 것 같다. 따라서 지연의 훈련은 주 예수를 섬기려는 영혼에 깊이 새겨지는 훈련이 될 수 있다. 우리는 준비하는 데 별로 시간을 보내지 않으며, 명상하며 예배하는 데는 더욱 시간을 내지 않는다. 우리는 휴식이 없는 조급한 날들을 살아가고 있다. 우리는 적극적, 정력적, 열정적, 효과적이어야만 한다고 생각한다. 왜 우리는 비활동적이고 나약하고 피곤하고 얼른 보기에 쓸데없어 보이는 일에 시간을 보내야 하는지 이해를 못한다. 그런 것은 너무 헛되고 어리석어 보이고 계획도 목적도 없는 것처럼 보인다.

지연의 훈련이 하나님의 백성들의 생활 속에 두드러지게 나타나 있다. 아브라함은 약속의 자녀를 오래 기다렸다. 요셉은 애굽의 잔인한 환경에서 오래 기다렸다. 모세는 미디안 광야에서 미미한 존재로 오래 지냈다. 한나는 자식이 없는 텅빈 집에서 오래도록 쓰라린 가슴을 안고 지내야 했다. 주 예수님도 나사렛의 골목길에서 오래도록 묻혀 사셨다. 우리의 체험과 비교해볼 만한 지연의 훈련을 겪은 사람들을 살펴보면 우리에게 지식과 격려를 줄 것이다.

다윗도 이 지연의 훈련을 겪었다. 그는 아버지의 양을 치는 목동으로서 이스라엘 왕이 되기 위해 사무엘의 기름부음을 받았다. 그러나 그 이후 얼마나 많은 세월이 흘렀던가. 사울의 미치고 불필요한 시기심 때문에 쫓기고 쫓겨 베들레헴의 언덕받이를 헤매고 다녀야 했고, 아둘람 굴에 숨어야 했고, 과거의 적군이었던 사나운 블레셋 사람들에게 피하여 가야 했다. 거기서 그는 이렇게 말했다. "내가 모든 대적으로 말미암아 욕을 당하고 내 이웃에게서는 심히 당하니 내 친구가 놀라고 길에서 보는 자가 나를 피하였나이다 내가 잊어버린 바 됨이 사망한 자를 마음에 두지 아니함 같고 파기와 같으니이다"(시 31:11, 12). 오래 전에 왕으로 기름부음받은 다윗에게 지연이라는 것은 끝이 없고 참을 수 없는 것처럼 보였으나, 백성을 다스리는 왕으로서 오랜 세월을 보내기 위해서는 꼭 필요한 준비기간이었다. 지연이 하나님의 계획을 꺾어버리지 못한다. 오히려 하나님의 도구를 갈고 닦는 기간인 것이다.

엘리야는 인내의 훈련을 잘 감당한 자였다. 이스라엘 백성이 도덕적으로나 영적으로 타락한 시기에 하나님의 예언자로 부르심을 받은 엘리야는 불길과 같이 타오르는 정열로써 기근의 심판을 선포하였다. 이스라엘 백성이 나를 가장 절실히 필요로 하는 것처럼 보이는 순간에 설명할 수 없고 헤아릴 수 없는 하나님의 뜻을 체험하였으니 그것은 하나님께서 쓰시는 지연작전이었다. "너는 여기서 떠나 동으로 가서 요단 앞 그릿 시냇가에 숨으라"(왕상 17:3). 이스라엘은 양식이 없어 기근에 빠져 있었고 이것을 본 엘리야의 가슴에는 하나님의 말씀이 부글부글 끓어오르고 있었다. 백성이 회개하지 않는 것을 볼 때 가슴이 아팠다. 그는 외롭게 하나님께 순종하고 있었고 예언자의 직분을 외롭게 지키고 있었다. 졸졸 흐르던 시냇물마저도 물을 공급하지 않고 메말라버렸다. 엘리야의 훈련은 아직도 끝나지 않았다. 사렙다의 한 초라한 집에서 나그네와 길손들 사이에서 묵묵히 지내야 했다. 그러나 하나님의 때가 왔을 때 그것과 사렙다의 훈련이 갈멜 산의 대결로 결실을 맺었고 엘리야의 기도로 제단에 불이 내려왔을 뿐 아니라 메마른 땅에 단비가 쏟아진 것이다. 하나님의 지연작전은 하나님의 종들을 잊어버리거나 하나님의 신실성을 폐지하는 것이 아니라 오히려 그들의 영혼을 튼튼하게 하고 하나님의 이름을 높이 드러나게 하는 것이다.

바울도 역시 계획대로 되지 아니할 때에 참는 훈련을 받아야 했다. 다메섹 도상에서 회개하고 직가라 하는 길에서 자복하고 아나니아를 통해 눈을 뜨고 성령충만을 받은 그는 크고 작은 자들에게 복음을 전하는 선택된 그릇이 되었다. "즉시로 각 회당에서 예수의 하나님의 아들이심을 전파하니"(행 9:20). 그 후 아라비아 사막에서 지연의 훈련을 받아야 했다. 그는 거기서 사람의 교훈을 통해서가 아니라 하나님의 계시로 하나님의 은혜의 영광스러운 복음을 배웠던 것이다. 아라비아로부터 인디옥으로, 또 세계 선교계획에 따라 아덴으로, 교만한 아레오바고로, 아가야를 거쳐 타락한 도시 고린도로, 에베소로, 또 로마로 선교여행을 할 수 있었던 것도 지연의 훈련을 받은 다음이었다. 교훈하고 준비시키는 지연의 훈련은 결코 시간을 낭비하는 것이 아니라 시간을 절약하는 것이다. 지연의 훈련을 받은 자라야 확신의 발걸음과 불타는 마음으로 전진할 수 있는 것이다.

허드슨 테일러도 영혼을 파고드는 시련을 당했다. 6년 간 중국에서 집중 봉사를 한 후에 병든 몸으로 그는 런던의 동쪽 끝에 적은 식구들과 함께 정착하였다. 바깥의 일들을 줄이고 친구들도 멀어진 상태에서 5년 간의 긴 세월을 런던의 빈민가에서 숨어 지내면서 그는 "갇혀서 기도와 인내에 전념했다." 그 당시 기록에 이런 내용이 있다. "만일 숨어 지낸 수년 간의 성장과 시련의 훈련이 없었더라면 청년의 환상과 열정이 어찌 성숙한 지도력으로 무르익을 수 있었겠는가?" 신앙과 신실성, 헌신과 자기 희생, 끝없는 노력, 참고 견디는 기도 등으로 5년을 보냈으며 무엇보다 "하나님을 꾸준히 따르는 영혼의 깊고 오랜 훈련이 있었다 … 여기서 보이는 것대로 살지 않고 믿음으로 살도록 부름받은 한 인간이 점점 힘을 얻었고 하나님 한 분만을 붙잡는 심령에 말할 수 없는 확신이 생겼는데 하나님은 이처럼 순수한 신앙을 기뻐하시는 것이다." 묻혀 사는 세월이 흐름에 따라 "마음의 짐을 풀어놓는 길은 기도밖에 없었다." 드디어 훈련이 끝났을 때 중국 내지(內地) 선교회가 생겨났으며 처음에는 미미해 보이던 이 뿌리에서 중국을 복음으로 가득 채우는 놀라운 선교 활동이 전개된 것이다.

지연의 훈련을 받고 있는가? 그렇다면 활동 대신 비활동, 강함 대신에 약함, 말 대신 침묵, 건강 대신 질병, 우정 대신 소외, 기회 대신 묻힘의 세월 속에 있음을 기억하라. 지연의 어두운 훈련을 통해 인내심을 기르고 끝까지 신실하신 하나님의 약속을 붙잡으며, 성령을 통한 주님의 임재를 체험하며, 못 자국 난 손으로부터 필요한 은혜를 공급받으라. 하나님의 때에 하나님의 방법으로 다윗과 같이 준비된 지위를 얻고, 엘리야와 같이 기도에 승리하고, 바울과 허드슨 테일러와 같이 봉사의 자리를 얻게 될 것이다.

지연은 참된 봉사의 발걸음을 굳세게 하고 재촉하는 것이다.

> 인생엔
> 돌진보다 더 좋은 중지가 있다.
> 주권자의 의지에 따라 조용히 서있는 것이
> 도끼로 나무를 자르며
> 돌진하는 것보다 낫다.
>
> 열렬한 웅변보다 더 나은 침묵이 있다.
> 주권자의 뜻대로 묵묵히 있는 것이

신음이나 광야의 부르짖음보다 낫다.

중지와 침묵의 이중창
저음으로 한동안 부르는 유니송
아, 인간의 영혼이여, 하나님의 계획은
진전하고 있으며 인간의 도움이 필요없으니
조용히 서서 보라!
묵묵히 있으면서 알아라!

11

기쁨의 훈련

"풍부에 처할 줄도 알아"(빌 4:12).

감사

나의 하나님, 땅을 이토록 밝게
만드신 당신께 감사드립니다.
이토록 영광스럽게 기쁨이 넘치도록
아름답고 빛나도록
이토록 영광스러운 것들이 있으니
고상하고 올바른!

또한 기쁨이 충만하도록 하신
당신께 감사드립니다.
우리 주변에
이토록 많은 부드러운 생각과 행동
이 땅의 가장 어두운 곳에도
약간의 사랑이 있나이다.

주여, 가장 좋은 것을 저장하여 두신
당신께 감사드립니다.
우리는 흡족하게 가지고 있으나
아직 너무 많지 않아 더 사모하나이다.
더 그윽한 평화
전에 모르던 평화를 사랑하나이다.

주여, 여기 우리 영혼이
아무리 축복을 받았다 할지라도
아무리 찾아보아도 완전한 안식을
찾지 못하게 된 것을 감사하나이다.
예수님의 품에 안길 때까지
결코 찾지 못하리!

— 아델라이드 A. 프록터(Adelaide A. Prockter) —

"풍부에 처할 줄도 알아"(빌 4:12).

어떤 사람들은 인생의 모든 좋은 것들을 가지고 사는 듯하다. 그런데 우리는 그와 정반대인 것처럼 보인다. 그들은 재산이 많아서 돈, 옷, 차, 친구, 평안, 교육 등 필요한 모든 것을 누리나 우리는 돈이 없어 쩔쩔맨다. 그들은 건강하여 정력이 넘치고 끈기와 체력과 외모에 있어서 뛰어나나 우리는 피곤한 몸과 아픈 가슴을 안고 산다. 그들은 번영과 탁월한 여유와 지위와 친구와 총애와 가족과 사랑하는 가정과 친절이 있으니 시편 기자의 말대로 "저희 소득은 마음의 소원보다 지난다"(시 73:7).

교만은 영혼의 철천지 원수이다. 성경이 이 점에 관해 많은 교훈을 주고 있다. "교만이 오면 욕도 온다"(잠 11:2). "교만에서는 다툼만 일어날 뿐이라"(13:10). "교만은 패망의 선봉이요 거만한 마음은 넘어짐의 앞잡이니라"(16:18). "네가 스스로 지혜롭게 여기는 자를 보느냐 그보다 미련한 자에게 오히려 바랄 것이 있느니라"(26:12). "사람이 교만하면 낮아지게 되겠다"(29:23). "하나님이 교만한 자를 대적하시되 겸손한 자들에게는 은혜를 주시느니라 그러므로 하나님의 능하신 손 아래서 겸손하라 때가 되면 너희를 높이시리라"(벧전 5:5, 6).

기쁨의 훈련은 교만한 자를 겸손하게 하고, 영혼을 달게 하고, 홍분한 가슴을 무르익게 하고, 야비한 성격을 징계한다. 자기 만족과 궤변에 빠져 있던 자가 이 훈련을 통과하면 다음과 같이 고백하는 유순한 사람이 된다. "우리가 무슨 일이든지 우리에게서 난 것같이 생각하여 스스로 만족할 것이 아니니 우리의 만족은 오직 하나님께로서 났느니라"(고후 3:5).

모세의 생애를 보면 기쁨의 훈련이 어떤 것인가를 밝히 알 수 있다. 모세는 천부적으로 다른 사람들이 부러워할 만한 모든 것을 타고났다. 그러나 값진 일을 하기 위한 영적인 재능을 받기 위해 모든 것을 내버렸다. 어린 시절에 그는 너무나 잘생겼기 때문에 얼마든지 자랑할 수도 있었을 것이다. 부모들은 그가 아름다운 아이인 것을 보았다(히 11:23에는 "매우 아름다운"이란 표현을 썼음. 행 7:20; 출 2:2 참고). 경제문제나 인격문제에 있어서 "액면가치"가 "실질가치"와 반대되는 경우가 많다. 가령 외모가 아름답다고 하여 "얼굴자랑"을 함으로써 영혼을 못쓰게 만들고 추악하게 만드는 경우가 있다. 착한 얼굴과 착한 마음씨는 동행하지만 예쁜 얼굴과 예쁜 마음은 동행하지 않는 것 같다. 그러나 모세의 경우는 예외였다. 모세는 준수한 용모를 지녔으나 어느 누구보다 겸손했다.

모세는 "장소 자랑"도 할 만했다. 그는 "바로의 공주의 아들"로서 (히 11:24; 출 2:10; 행 7:21) 왕궁에서 자라났다. 친아들은 안그런데 양자가 오히려 뽐내기 쉽다. 하찮은 존재가 찬란한 지위에 올라가면 흔히 빼기는 것이 보통이므로 모세도 동포들을 무시하고 뽐낼 수가 있었을 것이다. 그러나 그는 "자기 형제들에게 나가서 그 고역함을 보았다"(출 2:11). 그는 왕궁에 있다 해서 자랑하지 않았다.

학문도 자랑하지 않았다. 모세는 왕궁에 있었기 때문에 국민의 대다수가 문맹자인 시대에 교육받을 기회가 있었다. "모세가 애굽 사람의 학술을 다 배워 그 말과 행사가 능하더라"(행 7:22). 대개 "조금 배우면 위험하다." 조금 배웠다 하면 으시대고 자랑함으로써 자신의 어리석음을 스스로 드러내는 자들이 많다. 실제로 배운 것보다 자기의 학식을 드러내려 한다. 사도 바울처럼 지혜의 온유함을 나타내지 못하고, 오히려 못배운 사람들에 대하여 항상 우월의식을 가지고 지배하려 든다. 바울도 역시 모세처럼 하나님의 깊은 신비를 이해하고 있었지만 인간의 웅변술이나 인간 지혜의 매력적인 말로 자랑하지 않았다(고전 2:1~4). 배웠으나 교만하지 않았다.

모세는 자기의 업적을 자랑하지 않았다. 그는 "말과 행사에 능한" 자였다(행 7:22). 전설에 의하면 그는 애굽 군의 총사령관이었다고 한다. 고집불통인 이스라엘 백성을 광야에서 이끌고 간 것을 보면 군대에서 훈련을 받아서 백성들을 조직하고 훈육하였던 것을 알 수 있다. 사람은 대개 크고 작은 업적이 있으면 자랑하기 마련이다. 느부갓네살 왕은 "이 위대한 도성 내가 건설한 바벨론을 보라"고 교만하게 외쳤으나 7년 동안 야숙하면서 비로소 "하늘의 왕을 찬양하며 칭송하며 존경하는" 법을 배워서 "그의 일이 다 진실하고 그의 행하심이 의로우시다"라고 고백하게 된 것이다(단 4:30, 37). 위대한 업적을 이루어놓으면 마치 신이나 된 것처럼 생각하고 거만하고 오만불손한 태도로 남들을 무시하게 되는데 그것은 자기의 업적에 도취해 미쳐버린 때문이다. 그러나 모세는 그렇지 않았다. 그는 기쁨의 훈련을 통해 "지면에서 가장 온유한 사람"(민 12:3)이 된 것이다.

용모와 학식, 지위와 재산 등, 수천 수만 가지의 요소가 "이생의 자랑"을 하도록 만든다. 그러므로 우리는 우리 자신을 과감히 훈련함으로써만 하나님과 동료들에게 유익한 사람이 될 수 있다. 모세가 바로 이런 훈련의 길을 보여주고 있다. 자신과 자신의 출중함 때문에 기뻐하는 대신 모세는 남들의 어려움에 관심을 가졌다. "그 형제

이스라엘 자손을 돌아볼 생각이 났다"(행 7:23). 남들의 사정에 전혀 무관심한 사람은 자기가 어째서 천부적 재능과 재질을 가지고 있는지를 모르고 산다. 우리가 우리 자신을 잊고 남을 도와줄 때에 다른 사람들은 우리의 모습과 지위를 인식하는 대신 우리 마음속에 계신 그리스도를 인식하게 될 것이다.

남들을 위해서 고난을 당할 때 우리에게 참 기쁨이 생긴다(히 11:25). 우리는 인간들이 보기에는 인기가 없어도 하나님께서 인정하시는 일을 위해 고난을 당하는 것이다. 우리는 옳은 편에 서기 위해서 우리의 권리를 포기한다. 우리가 당연히 누릴 수 있는 특권(모세의 경우 "바로의 공주의 아들"이라는 칭호)도 "하나님의 아들"이라는 특권에 비하면 아무것도 아니다. 하나님의 백성과 함께 고난당하는 것이 "잠시 죄악의 낙"(히 11:25)을 누리는 것보다 훨씬 더 낫다. 그리스도를 위해 욕을 먹고 그리스도의 이름을 짊어지고 가는 것이 세상의 가장 값진 보화보다 더 낫다(히 11:26; 벧전 4:14). 우리는 우리의 지식이나 능력을 의지하지 않고 오히려 "보이지 않는 자를 보는 것같이 하여 참고" 나간다(히 11:27).

주 예수를 섬기면 만족이 있고, 주의 이름을 위해 고난을 당하면 기쁨이 있고, 주를 위해 욕을 먹으면 축복이 있고, 천국 순례자가 되면 쾌락이 있고, 주의 명령을 행하면 즐거움이 있다. 본래부터 타고난 기쁨 즉 외모와 멋과 교육과 지식과 인격과 지위와 업적과 명예 등을 통해 얻는 기쁨은 "기쁨의 훈련"을 통과해야 한다. 그래서 모든 선물은 하나님이 주신 것이고 모든 재능은 하나님이 맡기신 신성한 사명임을 알고, 모든 명예는 겸손하게 엎드려 하나님께 돌려야 하고, 모든 영광은 하나님만이 받으시도록 해야 한다. 이렇게 될 때에 예전의 모세처럼 겸손한 마음으로 얼굴을 가리고 하나님이 인도하시는 대로 따라가면서 매일매일의 만나로 감사하고 보이지 않는 자를 보고 참으며, 다른 사람이 다 쓰러져도 끝까지 믿고 나가게 될 것이다. 이때에 비로소 다음의 말씀이 이루어지는 것이다. "여호와를 기뻐하라 저가 네 마음의 소원을 이루어 주시리로다"(시 37:4).

12

신뢰성의 훈련

"사람이 젊었을 때에 멍에를 메는 것이 좋으니"(애 3:27).

상흔이 없는가?

그대 상흔이 없는가?
발에, 옆구리에, 손에, 보이지 않는 상흔이 없는가?
그대 땅에서 위대하다 찬양을 받고
그대만이 빛나는 새벽별이라 칭송받고
그대 상흔이 없는가?

그대 상처가 없는가?
하지만 나는 창병에 상처받아 진액을 쏟았고
나무에 달려 찢겨 쓰러졌는데
그대는 상처가 없는가?

상흔도 상처도 없는가?
하지만 주인이 하는 대로 종도 따르며
나를 따르는 자의 발은 찔림을 받는데
그대는 온전하니 상처도 없는 나를 얼마나 따랐는가?

— 애미 카마이컬(Amy Carmichael) —

"사람이 젊었을 때에 멍에를 메는 것이 좋으니"(애 3:27).

　장년 시절에 강하게 사느냐 약하게 사느냐 하는 것은 젊은 날을 어떻게 보내느냐에 달려 있다. 신뢰할 만한 사람이 되느냐 아니면 무책임한 사람이 되느냐, 강인한 인격자가 되느냐 흔들리는 인격자가 되느냐, 밝은 인격자가 되느냐 어두운 인격자가 되느냐, 강인한 체력을 가지느냐 하는 것은 우리가 우리 인생의 봄에, 즉 인격과 체력의 형성기에 무슨 일을 하고 무슨 일을 하지 않느냐에 달려 있다. 하나님은 어둡고 어려운 때에라도 무거운 짐을 질 수 있는 강인한 사람들을 요구하신다. 젊은 날에 멍에를 멘 자만이 그런 일을 해낼 수 있는 것이다.
　믿을 만하게 의무를 수행하는 데 익숙해지지 않으면 즉 때로 귀찮고 단조로운 일이라도 처리해내는 습관을 들이지 않으면 생의 냉혹한 현실을 감당할 수 없을 뿐 아니라 하나님을 섬기는 일도 해낼 수가 없다. 우리가 우리의 시간을 낭비하고, 임무를 적당히 얼버무려 버리고, 싫으면 때려치우고, 하나님의 영원한 말씀을 무시하고, 노인들의 지혜로운 권고를 무시하고, 항상 최선을 다하지 않고 적당히 해치우며 만족하고, 무책임하고 급하고 미숙한 상태로 자라도록 내버려두는 것이 편할 것 같으나 사실 이것은 우리를 망치는 일이다.
　젊은 날에 멍에를 멘다는 것은 아무리 시시해 보이는 일이라도 자기의 책임을 기쁘게 감당하고 누가 보지 않아도 자기의 임무를 양심적으로 철저하게 완수하고, 실수를 통해 배우고 기쁘게 시정하고,

보상을 받기 위해 일하는 것이 아니라 봉사정신으로 일하는 것을 배워 익히는 것을 말한다. 젊을 때 멍에를 메면 훗날에도 짐을 질 수 있게 되고 그리하여 하나님께 영광을 돌릴 수 있게 되는 것이다.

베들레헴의 목동 다윗은 이스라엘의 왕이 되었는데 다윗이야말로 신뢰성의 훈련을 잘 받아낸 사람이었다. 물론 다윗만이 신뢰성의 훈련을 잘 받은 것은 아니다. 요셉, 모세, 여호수아, 사무엘, 에스더, 바울 등을 다 생각할 수 있으나 여기서는 편의상 다윗을 생각해 보기로 하자.

그는 가장 기본적인 것, 즉 보람있는 삶의 기초라고 할 수 있는 것, 다시 말해서 하나님을 사랑하는 마음을 가지고 있었다. 전능하신 하나님께서 이스라엘의 초대 왕 사울을 시험해 보시니 사울은 신뢰성의 재질과 어려운 고비를 인내로 넘기는 재질이 없는 것으로 나타났다. 그래서 하나님은 이렇게 말씀하셨다. "여호와께서 왕에게 명하신 바를 왕이 지키지 아니하였으므로 여호와께서 그 마음에 맞는 사람을 구하여 그 백성의 지도자를 삼으셨느니라"(삼상 13:14). 후에 사울에게 또 이렇게 말씀하셨다. "여호와께서 번제와 다른 제사를 그 목소리 순종하는 것을 좋아하심같이 좋아하시겠나이까 순종이 제사보다 낫고 듣는 것이 수양의 기름보다 나으니 이는 거역하는 것은 사술의 죄와 같고 완고한 것은 사신 우상에게 절하는 죄와 같음이라"(삼상 15:22, 23). 사울의 마음은 자기 중심, 이기주의적이었고 그의 일생은 이기주의로 움직이는 일생이었다.

다윗은 "하나님의 마음에 합한 자"였다(시 89:20; 행 13:22). 이스라엘의 사사 사무엘이 차기 왕을 뽑으려고 이새의 아들들을 찾아 베들레헴으로 갔을 때 이새의 맏아들 엘리압의 외모와 풍채에 감동을 받고 "하나님의 기름부으심을 받을 자가 바로 여기 있구나"라고 말했다(삼상 16:6). 그러나 여호와는 사무엘에게 의미심장한 말씀을 하셨다. "그 용모와 신장을 보지 말라 내가 이미 그를 버렸노라 나의 보는 것은 사람과 같지 아니하니 사람은 외모를 보거니와 나 여호와는 중심을 보느니라"(삼상 16:7). 우리는 외모가 훌륭하고 키가 크고 예절이 바른 사람을 보면 감동을 받는다. 물론 이런 것은 다 귀한 것이다. 그러나 이런 것을 가지고 하나님을 사랑하는 마음을 대신할 수는 없다. 이새의 여덟 아들 중 막내 다윗이 사무엘 앞에 섰을 때에 비로소 하나님은 "이가 그니 일어나 기름을 부으라"고 말씀하셨다(16:12).

"마음"이 가장 근본적인 것이다. 마음이 어떠하면 그 인격도 그러하다. 우리의 본심이 악하기 때문에(마 15:19) 우리에게 이런 말씀을 주셨다. "또 새 영을 너희 속에 두고 새 마음을 너희에게 주되 너희 육신에서 굳은 마음을 제하고 부드러운 마음을 줄 것이며 또 내 신을 너희 속에 두어 너희로 내 율례를 행하게 하리니 너희가 내 규례를 지켜 행할지라"(겔 36:26, 27). 마음이 깨끗해야 하나님을 본다(마 5:8). 사람이 "마음으로 믿어 의에 이른다"(롬 10:10). "무릇 지킬 만한 것보다 더욱 네 마음을 지키라 생명의 근원이 이에서 남이니라"(잠 4:23). 새 마음, 착하고 진실하고 은혜로운 마음—이것이 행복하고 효과적인 삶의 근본 조건이다.

모든 젊은이들이 다윗처럼 자기의 장래를 분명히 아는 것은 아니다(삼상 16:13). 사무엘이 와서 그에게 기름을 부은 후에 다윗은 장차 자기 백성의 왕이 될 것을 알았다. 젊은이들 가운데 생의 초기에 앞으로 어떻게 살아야 할 것인가를 아는 자들도 더러 있다. 요셉은 자기가 정치가가 될 것을 알았고(창 37:5~11), 여호수아는 군사 지도자가 될 것을 알았으며(민 27:18~23), 요한은 주 예수님의 선구자가 될 것을 알았다(눅 1:76, 77; 요 1:22, 23). 늦게야 알게 되는 자들도 많다. 모세는 불붙은 떨기나무에서 알았고(출 3:1~10), 시몬 베드로는 벳세다 해변에서 알았고(눅 5:1~11), 다소의 사울은 다메섹 도상에서 알았다(행 9:1~6).

일찌감치 하나님의 뜻을 깨달아 자기가 장래에 무슨 사명으로 일할지를 안다면 인생의 문제와 난관이 많이 해결될 것이다. 젊은이들은 생의 목적을 분명히 알고 목회나 선교나 교육이나 간호나 기타 직업이나 농사 등의 일을 해나가는 자들을 은근히 부러워한다. 그것은 그들이 장래에 대한 주님의 뜻을 그들처럼 분명히 알고 있지 못하기 때문이다.

어떤 계획을 세울까? 대학에서 무엇을 전공할까? 선택과목은 무엇을 할까? 장래의 준비로서 여름에는 어떤 일을 해볼까? 장래에 무슨 일을 할지 분명히 알든 모르든 간에 가장 중요한 것은 오늘 맡은 일을 충실히 이행하는 것이다. 신뢰할 만한 자가 되려면 오늘의 과제를 철저히 처리해야 하는 것이다. 오늘의 의무를 충실히 이행하면 장래가 결코 무한정 어둡지만은 않을 것이다. 빛은 비춰오고야 말리라!(시 112:4; 욥 22:28; 23:8~12). 충실하면 꿈을 이루게 된다. 충실성이 쓸데없는 것은 아니다. 신뢰성은 임무의 기쁨을 가져오는 것이다.

다윗은 자기에게 맡겨진 임무에 충실했다. 그는 다른 일들도 맡겨지기만 하면 충실히 해냈다. 그는 자기 아버지의 양떼 돌보는 일을 맡아서 비록 매일 권태로운 일의 반복이지만 충실히 처리했다. 그는 자력으로 하프 다루는 법을 배웠고 양떼 지키기와 하프 타는 법을 열성적으로 해냈다. 그가 양떼 돌보는 일에 어느 정도 충실했는가 하는 것은 그가 양떼를 위해서 사자와 곰도 무서워하지 않았던 점에서 찾아볼 수 있다(삼상 17:34, 35). 우리도 어린이들과 청소년들에게 맡겨진 일들을 그렇게 헌신적으로 감당해야 한다. 나태의 사자나 권태의 곰을 이기면서 충성해야 한다. 부모에 대한 효도와 고용인에 대한 충성에 있어서 자신을 던져서 위험을 무릅쓸 때에, 후에 골리앗과 같은 더 큰 난관도 이겨낼 수 있게 될 것이다(삼상 17:36~51).

다윗은 누가 하라고 요구한 것도 아닌 일에 심혈을 기울이기도 했다. 그가 하프를 연주한 것은 정말 우리로 하여금 자기 만족의 잠에서 깨어나게 한다. 하프 연주가 자기 전공이 아니었기 때문에 그저 몇 줄 튕길 줄 아는 것으로 만족할 수도 있었을 터인데 다윗은 그렇지 않고 "잘" 연주할 만큼 배웠다고 했다(삼상 16:17, 18). 아마 다른 목동들은 다윗이 악기를 연주하기 위해 오랜 시간 동안 연습하는 것을 보고 비웃었을지도 모른다. 혹은 그의 재질을 부러워했을지도 모른다. 어쨌든 드디어 때는 왔다. 대왕이 익숙한 하프 연주자를 필요로 하는 때가 온 것이다. 이때에 베들레헴의 목동 다윗이 선발된 것이다.

현대 청소년 교육의 가장 큰 결점 중의 하나는 무엇을 철저하게 성취하도록 훈련을 시키지 않는 점이다. 그저 남들이 공부하니까 공부하고 산수는 좀 하지만 수학은 못하고 악기는 놀이삼아 좀 해보고, 읽고 싶으면 읽고, 쓰는 것도 되는 대로 쓰고, 무엇을 하고 있는지 연구심을 가지고 깊이 캐어 들어가지 않고, 어떻게 하면 더 잘할 것인지 창의력을 발휘하지도 않는 적당주의의 교육—이것이 현대교육의 맹점이다. 거의 모든 일을 "조금씩"은 하나 어느 것도 "잘"하는 것이 없다. 적어도 한 가지를 할 줄 알되 그 한 가지 일에 익숙한 사람이 참으로 필요한 실정이다.

오늘날도 다윗처럼 어느 한 가지를 썩 잘하여 더 많은 봉사의 문이 열리는 예가 많다. 왕이 필요한 사람은 익숙한 하프 연주가였다. 광야에서, 양떼들 앞에서 고통스럽지만 꾸준히 하프 연주를 연습한 것이 왕궁으로 가는 길이 될 줄을 누가 알았겠는가? 어떤 처녀는 사무실 먼지털기를 "잘"하였는데 이 일에 신임을 얻어 어린이 캠프의 카운셀러의 길이 열렸고 또 이 일을 잘하여 선교사로 나가게 되었다고 한다. 매일 사무실 책상의 먼지를 터는 일을 충성스럽게 잘하여 아프리카 선교의 황금벌판으로 나가게 된 것이다. 또 어떤 대학생은 접시닦기를 기쁘고, 조심스럽게 잘하여 어느 행정 사무실에서 파트타임으로 취직이 되고 그 일을 계기로 더 폭 넓은 봉사를 하게 되었다고 한다. 조심스럽게 잘한 부엌일로부터 선교사의 중직에 이르기까지 한 가지 분명한 교훈이 있으니, 그것은 "무엇을 하든지 잘하라!"는 것이다. 적어도 한 가지 전문분야에서 전문가가 되라. 한 가지를 믿음직스럽게 잘할 때에 모든 다른 일도 잘할 수 있는 신임을 얻을 것이다.

신뢰성의 훈련은 또 젊은이가 그때그때의 상황에 잘 적응하는 것으로 나타나기도 한다. 다윗은 양떼를 치는 일에도 잘 적응했고 하프 연습도 잘 했고, 왕궁에 영전되었을 때도 잘 적응했다(삼상 16:21). 얼마 후 왕궁에서의 봉사가 불필요하게 되어 다윗은 "베들레헴에서 그 아비의 양을 치러 사울을 떠나 돌아갔다"(17:15). 젊은이치고 왕궁의 영화를 떠나 가정의 자질구레한 일로 다시 돌아가 적응할 수 있는 젊은이는 많지 않을 것이다. 탁월하고 유용한 일자리에 있다가 갑자기 접시닦기나 먼지털기나 허드렛일이나 교회 봉사 등을 하기는 힘들 것이다. 그러나 진정 위대한 자는 아무리 지위가 높을지라도 잔손이 가는 일도 착실히 처리하는 것이다. 다윗은 유명하다 해서 교만하지 않았고 권세를 얻었다 해서 오만하지 않았다. 그는 기꺼이 왕궁의 영화로운 예복을 벗고 다시 목동으로 돌아갈 수 있었다.

다윗은 젊은 시절 연단의 말기에 사울을 섬기는 용사가 되었다. 그는 곧 능력을 인정받아 신뢰성의 훈련 중에 가장 심각한 훈련을 받게 되었다. 그는 "온 백성이 합당히 여기는" 가운데 군 사령관이 되었다(18:5). 전투에서는 용감하고 진지에서는 지혜로웠다. 위험에는 용기있게 뛰어들었고 임무는 충실하게 이행했다. 다윗은 부하들을 가까이했고 그래서 그들의 신임을 얻었다. 군중들이 사울 왕보다 다윗을 더 칭송한 것도 당연한 결과였다(18:6, 7). 그러나 다윗이 더 인정을 받자 사울 왕은 미친 듯 시기가 생겨 "그날 이후로 다윗을 주시하게 되었다"(18:9).

시기란 아주 잔인한 감정이다. 이것이 젊은이에게는 더 심하다. 가인은 시기 때문에 아벨을 죽였다(창 4:1~8). 요셉의 형들은 시기 때문에 동생 요셉을 팔아넘겼다(창 37:18~28). 이스라엘의 장로들은 시기 때문에 모세를 거역했고(민 16:3; 시 106:16), 주 예수님은 시기로 죽음에 넘기움을 당하셨다(막 15:10). 인간 중에 가장 지혜로운 솔로몬은 이렇게 말했다. "마음의 화평은 육신의 생명이나 시기는 뼈의 썩음이니라"(잠 14:30). "분은 잔인하고 노는 창수 같거니와 투기 앞에야 누가 서리요"(잠 27:4).

다윗을 비롯하여 매시대마다 많은 젊은이들이 시기 때문에 당황과 피해를 겪어온 것은 사실이다. 다윗은 그저 용사로서 순종하고 겸손하고 신중하고 성공적이었다(삼상 18:5). 사울 왕이 미친 듯 시기하여도 지혜롭게 처신했다(18:14). 그러나 사울의 시기에 못이겨 마침내 피신하지 않을 수 없게 되었다(19:10, 18; 20:1 등). 복수의 기회가 왔으나 그는 자기 손을 들어 못된 왕 사울을 치지 않았다. 다윗은 지극히 높으신 하나님에게 자기 사정을 맡기고 이렇게 말했다. "여호와께서 각 사람에게 그 의와 신실을 갚으시리니 이는 여호와께서 오늘날 왕을 내 손에 붙이셨으되 나는 손을 들어 여호와의 기름 부음을 받은 자 치기를 원치 아니하였음이니이다"(삼상 26:23).

손윗사람의 시기가 젊은이의 신뢰성 훈련에 있어서 가장 힘든 훈련인 것 같다. 그들의 지위를 차지할까봐 악심을 품고 죽이려고 할 때에 복수하거나 미워하지 않고 자신을 지킬 수 있겠는가? 다윗처럼 하나님께 사정을 맡기고 복수하거나 실망하지 않을 수 있겠는가? 이 훈련에서 실패하면 장차 중임을 맡을 수 없을 것이다. 그러나 이 훈련에 합격하면 하나님께서 어디서나 마음껏 쓰실 수 있는 인물이 될 것이다.

마음으로 하나님을 사랑하고 장래가 하나님의 손에 있음을 확신하고 임무에 충실하되 위험 앞에서 두려움 없이 또 손윗사람의 질투 앞에서도 꾸준히 충실할 때에 신뢰성의 기본훈련을 통과하게 될 것이다. 젊은 날에 멍에를 메고 훈련받은 젊은이는 후에 하나님의 참된 일꾼으로서 매일매일의 더위와 짐을 감당할 수 있는 사람이 될 것이다.

13

욕망의 훈련

"그리스도께서 자기를 기쁘게 하지 아니하셨나니"(롬 15:3).

나를 위해 선택하소서

감히 내가 제비를 뽑지 않겠나이다
뽑을 수 있다 해도 아니 뽑겠나이다
나의 하나님이여, 나를 위해 뽑으소서
그래야 내가 올바로 행하겠나이다.

내가 추구하는 왕국은 주님의 왕국
그 왕국으로 가는 길도
주님의 길이 되게 하소서
그렇지 않으면 틀림없이 방황하게 되겠나이다.

내 잔을 드사 거기에
기쁨이든 슬픔이든 채워주소서
주님 보시기에 가장 좋도록
내가 좋든 나쁘든 선택하소서.

나를 위해 내 친구들을 선택하소서
내 질병이나 건강을 선택해 주소서
나를 위해 내 근심을 택하시고
가난이나 부를 택하소서.

선택은 내 것이 결코 아니니이다
큰 일이든 작은 일이든
주여, 내 지도자, 내 힘이 되소서
내 지혜, 내 모든 것이 되소서.

— 호라시우스 보나(Horatius Bonar) —

"그리스도께서 자기를 기쁘게 하지 아니하셨나니"(롬 15:3).

주 예수 그리스도를 내 개인의 구주로 믿고 항상 사랑스러운 그분을 따르는 기독교인으로서 어떻게 행동해야 하는가? 기독교인의 행위의 기준은 무엇인가? 영화관이나 연극이나 오페라나 선술집이나 주일 야구경기 등에 갈 수 있는가? 가도 된다, 혹은 절대로 가면 안된다 등등 의견이 구구하다.

성경이 분명한 선을 그어주는 행동이 있는 것 같다. 가령 분명히 해야 하는 것으로서 마음을 다하여 주 우리 하나님을 사랑하고(신 6:5), 그의 계명을 지키고(출 20:1, 17, 신약에서는 안식일이 주일로 바뀌었다는 것을 감안하고), 서로에게 친절을 베풀고(롬 12:10), 임무에 부지런하며(롬 12:11), 소망으로 즐거워하며(롬 12:12) 기타 여러 가지가 있다. 반면에 신명기와 바울 서신에 보면 해서는 안될 것들을 분명히 말했다. 그것을 하면 죄가 되고 해롭기 때문이다. 가령 "도적질하는 자는 다시 도적질하지 말고 … 모든 악독과 … 훼방하는 것을 버리고 … 음행과 온갖 더러운 것과 탐욕은 너희 중에서 그 이름이라도 부르지 말라 … 누추함과 어리석은 말이나 희롱의 말이 마땅치 아니하니 …"(엡 4:28~5:4), "자녀들아 너희 부모를 주 안에서 순종하라 이것이 옳으니라"(엡 6:1) 등등이 있다(골 3장 참고).

우리가 분명히 해야 할 일과 분명히 하지 말아야 할 일 사이에, 해야 될지 안 해야 될지 분명하지 않은 일들이 많이 있다. 그 자체로 보면 나쁘지 않으나 하나님의 말씀의 원리에 따르면 좋거나 나쁜 일들이 많이 있다. 우리가 혼동하는 부분이 바로 이 부분이다. 따라서 우리가 계속 잘 믿는 기독교인이 되기 위해서는 이런 일들에 세심한 주의를 기울여야 한다.

위에서 말한 바와 같이 해야 할지 안 해야 할지 분명히 알기 어려운 "하라"와 "하지 말라" 사이의 경계선에 있는 일들에 대해 성경은 행위의 기본원리를 제시해 주고 있다(롬 12~14장; 고전 8장 등). 우리는 하나님의 말씀 한자 한자 뿐만 아니라 그 정신도 파악해야 한다. 가령 미국 청년들이 자유롭게 생활하는 것을 보면 남미나 중국 신자들이 어떻게 저런 일까지도 하나 하고 이상하게 생각할 수도 있을 것이다.

기독교인의 행동원리를 다음과 같이 간추려 볼 수 있다.
(1) 이 세상을 **본받지** 말아야 한다. 여기서 "세상"이란 무엇인가? "이 세상이나 세상에 있는 것들을 사랑치 말라 누구든지 세상을 사랑하면 아버지의 사랑이 그 속에 있지 아니하니 이는 세상에 있는 모든 것이 육신의 정욕과 안목의 정욕과 이생의 자랑이니 다 아버지께로 좇아 온 것이 아니요 세상으로 좇아 온 것이라 이 세상도 그 정욕도 지나가되 오직 하나님의 뜻을 행하는 이는 영원히 거하느니라"(요일 2:15~17). "세상"이란 세상의 정신을 말하는 것인데 이 "정신"이 여러 가지로 표현된다. 그것이 정신이기 때문에 정확하게 정의하기가 어렵다. 우선 한번 정의해 본다면 요한 웨슬리의 정의가 가장 가까운 정의인 것 같다. "그리스도에 대한 나의 사랑을 식어지게 하는 것은 무엇이든지 다 '세상'이다." 이것은 신자 개개인에게 적용할 수 있는 주관적인 정의인 것 분명하다. 그리스도에 대한

나의 사랑이 식어지게 하는 것이 딴 사람에게는 전혀 무관심한 것이 될 수도 있다. 그럴 때 그것이 내게는 세상적인 것이지만 다른 사람에게는 세상적이 아닌 것이다. 우린 항상 "이것이 세상을 본받는 것인가?"하고 생각해 보아야 한다.

(2) 우리는 남을 정죄하는 태도를 버려야 한다(롬 14:1~3). "먹는 자는 먹지 않는 자를 업신여기지 말고 먹지 못하는 자는 먹는 자를 판단하지 말라"(14:3). 하나님께서 먹는 자와 먹지 못하는 자를 다 인정하셨기 때문이다. 바울은 당시에 흔한 예를 들었는데 그것은 신자가 우상에게 바쳐진 제물을 먹는 문제였다(고전 10장). 우상 그 자체는 아무것도 아니다. 신자는 양심에 따라 먹을 수도 있고 안 먹을 수도 있다. 그러나 남이 먹는다고, 혹은 남이 안 먹는다고 해서 정죄해서는 안된다.

(3) 우리는 각기 하나님의 말씀에 근거해서 자기 나름의 확신을 가져야 한다(롬 14:4~9). "각각 자기 마음에 확정할지니라"(14:5). 우리는 주님을 우리 생활의 중심에 고이 모시고 남을 판단하지 말고 우리 자신을 판단해야 한다. 과거에 훌륭한 주의 종과 얘기를 나눈 적이 있었다. 나는 토요일 오후 시간을 내서 럭비구경을 가자고 제의했다(내가 대학생이었을 때). 그때 그는 이렇게 말했다. "당신은 구경가세요. 그러나 나는 안 가겠어요." 그리고 나서 이유를 설명하기를 자기가 캐나다에 있을 때 스포츠광이었는데 주님께서 토요일에 럭비구경하고 주일에 설교하는 것이 그에게 있어서는 맞지 않는 일이라고 깨닫게 해주셨다는 것이었다. 나는 그의 확신을 귀하게 받아들였다. 그도 역시 그 점에 있어서 나의 확신을 바꾸려 들지 않았다.

(4) 우리는 남의 사정을 고려해야 한다(롬 14:10~13). "그런즉 우리가 다시는 서로 판단하지 말고 도리어 부딪힐 것이나 거칠 것으로 형제 앞에 두지 아니할 것을 주의하라"(14:13). 그 일 자체는 속된 것이 아니라 할지라도(14절) 그러나 그것이 남에게 걸림돌이 될

때는 하지 말아야 한다. 가령 유럽 중부에서 미국으로 이민와서 예수님을 믿게 된 청년이 있었다. 주일날 오후에 어느 장로님 댁에 점심식사 초대를 받았는데 맥주가 나왔다. 그때 새로 믿기 시작한 그 청년은 맥주를 마시다가 점점 독주를 마시게 된 경험이 있기 때문에 맥주를 마시기를 싫어했다. 초대한 장로님은 유럽에서 식사시간에 맥주 마시는 관습이 있는데 미국에서도 괜찮을 것이라고 말했다. 그 청년은 그리스도를 먼저 믿은 손윗사람의 우월한 지식에 머리를 숙였다. 그러나 문제는 그 후에 터졌다. 그 청년이 다음 토요일 밤에 술집에서 마구 퍼마셔서 곤드레 만드레 취하여 있는 것이 발각되어 교회에서 추방을 당하고 말았다. 사실 추방감은 그 청년이 아니라 그 장로님이었다. 왜냐하면 약한 영혼에게 걸림돌을 놓았기 때문이다.

(5) 우리는 우리의 행동에 일관성이 있어야 한다(롬 14:14~17). "너희의 선한 것이 비방을 받지 않게 하라"(14:16). 우리의 배경과 우리와 연결된 것들이 그 자체가 악한 것이 아니라 할지라도 우리가 복음을 증거하고 양심대로 살려고 할 때에 악의 요소가 될 수 있다. 짚시 스미스가 자기 부친의 회심에 대해 하는 얘기를 여러 차례 들은 적이 있다. 그의 부친은 구원의 메시지를 듣고 회개하고 구주를 영접했다. 그날 저녁 짚시의 마차에서 엄마도 없이 살고 있는 자기 자식들에게 돌아와서 구주와 성경에 대해 들어서 안 것을 모두 이야기해 주었다. 그리고 나서 아이들과 함께 기도하면서 그리스도 안에서 새 생명을 얻은 첫날 저녁부터 가정제단을 쌓았다. 이튿날 아침에도 또 그렇게 했다. 그 후 시내로 가더니 짚시에게 있어서는 보물과 같은 바이올린을 팔아버리고 집으로 돌아왔다. 그는 영안이 밝아져 구원받은 첫날 이미 과거에 술마시고 춤추던 곳과 연결된 바이올린을 가지고서는 일관성있는 신자가 될 수 없는 것을 알고, 그것이 신앙양심에 걸리는 것을 알고는 다 청산해 버린 것이다. 그런데 바이올린을 통해 하나님께 영광을 돌릴 수 있는 배경을 가지고 있는 자들도 있다. 바이올린 자체는 나쁜 것이 아니다. 그것이 하나님의

영광을 드러낼 때는 사용하고 그 영광을 가릴 때는 버려야 하는 것이다.

(6) 우리의 행동은 건설적인가?(롬 14:18~19). "우리가 화평의 일과 서로 덕을 세우는 일을 힘쓰나니"(14:19). 이와 비슷한 병행구로서 다음과 같은 아이러니컬한 구절도 있다. "우상의 제물에 대하여는 우리가 다 지식이 있는 줄을 아나 지식은 교만하게 하며 사랑은 덕을 세우나니"(고전 8:1). 여기서 우리가 신자로서 어떻게 행동할 수 있는가를 아는 것이 "지식"인데, 이 "지식"이 강조되어 있다. 그러나 이 "지식"은 흔히 자기 중심의 표준을 세우고 남의 두려움이나 거리낌은 전혀 생각하지 않을 수 있다. 이런 "지식"은 독단적이고 전투적이어서 교만을 낳는다. 그래서 남들을 무시하는 지경까지 나아가게 되는 것이다. 우리가 깨끗한 양심을 가지고 이것도 할 수 있고 저것도 할 수 있다. 그러나 사랑없이 그렇게 할 때 형제를 넘어지게 한다. 형제를 사랑하고 불쌍히 여기는 마음을 가지고 나아갈 때 형제의 신앙을 키워줄 수가 있는 것이다. 여기에 분별력이 요구된다. 나의 말, 나의 행동, 나의 표준이 평화를 도모하고 복음진리 안에서 형제를 세워주는가? 혹은 화평케 하는 자에 대한 축복(마 5:9)을 무시한 채 신앙이 약한 자들을 인격과 확신 면에서 강하게 키워주는 문제를 제쳐놓고, 나 자신만 편할 대로 사는가? 이런 관점에서 형제들을 고려해야 한다는 권면의 말씀이 있다. "형제들아 사람이 만일 무슨 범죄한 일이 드러나거든 신령한 너희는 온유한 심령으로 그러한 자를 바로잡고 네 자신을 돌아보아 너도 시험을 받을까 두려워하라 너희가 짐을 서로 지라 그리하여 그리스도의 법을 성취하라"(갈 6:1~2).

(7) 내 양심에 거리낌이 없는가?(롬 14:20~23). "자기의 옳다 하는 바로 자기를 책하지 아니하는 자는 복이 있도다"(14:22). 거듭 강조하지만 나의 양심 뿐 아니라 형제의 양심도 생각하자. "네게 믿음이 있는가"(22절)라고 말할 때의 "믿음"은 구원의 믿음을 가리키

는 것이 아니고 우리의 행동이 하나님의 말씀의 표준에 부합한다고 믿는 믿음 또는 확신을 가리킨다. 만일 이런 확신이 있다면 우리는 주님의 축복 아래 있는 복된 자라는 말이다. 우리가 그런 확신없이 행동하면 양심에 가책이 있는 것이다. "믿음으로 좇아 하지 아니하는 모든 것이 죄니라"(23절). 이 말을 쉽게 표현해 보면, 의심스러우면 잘못된 것이니 하지 말라는 것이다. 어느 스코틀랜드인이 특별한 경우에만 입는 좋은 옷을 가지고 있었는데, 몇 번 입은 후에 그 옷이 깨끗한지 더러운지 알 수 없어서 창가에 가서 더 밝은 빛에 비추어보고 있는데 그의 부인이 하는 말, "의심스러우면 더럽다는 것이예요."

　우리는 양심의 가책을 느끼거나 성령의 근심을 느끼면서 의심스러운 일을 할 때도 있을 것이다. 한편으로 양심에 행복을 누리며 살 수도 있다. 그러나 우리는 우리 자신의 양심에 거리낌이 없을지라도 남의 양심도 생각할 줄 알아야 한다. "그런즉 너희 자유함이 약한 자들에게 거치는 것이 되지 않도록 조심하라 지식 있는 네가 우상의 집에 앉아 먹는 것을 누구든지 보면 그 약한 자들의 양심이 담력을 얻어 어찌 우상의 제물을 먹게 되지 않겠느냐 그러면 네 지식으로 그 약한 자가 멸망하였나니 그는 그리스도께서 위하여 죽으신 형제라 이같이 너희가 형제에게 죄를 지어 그 약한 양심을 상하게 하는 것이 곧 그리스도에게 죄를 짓는 것이니라"(고전 8:9~12). 이 말씀은 우리의 심령을 꿰뚫는 강한 말씀이다. 우리는 부드러운 양심, 사려깊은 양심을 지녀야 한다. 또한 다음과 같은 굳은 결심이 있어야 한다. "만일 식물이 내 형제로 실족케 하면 나는 영원히 고기를 먹지 아니하여 내 형제를 실족치 않게 하리라"(고전 8:13). 너무 기준이 높은가? 사실 높다. 약한 신자의 양심을 기준으로 삼고 산다는 것은 거룩하고 복된 일이다.

　(8) 마지막 기준은 지금까지의 일곱 가지 기준의 결정체라고 할 수 있는 것으로서 우리의 행동이 그리스도를 닮았는가 하는 기준이

다. "각 사람이 이웃을 기쁘게 하되 선을 이루고 덕을 세우도록 할지니라 그리스도께서 자기를 기쁘게 하지 아니하셨나니 …"(롬 15: 2, 3). 그리스도가 그렇게 하셨듯 우리도 남의 행복을 우선적으로 생각하는가? 우리가 자신을 부인하고 남을 기쁘게 할 수 있는가?(1절). 우리도 그리스도처럼 우리 자신을 희생시키는가? 그리스도께서 우리에 대해 오래 참으셨고 우리도 "그리스도 예수를 본받아 뜻이 같게" 되기를 원하신다(5절). 우리의 언행심사가 남들에게 그리스도를 보여주는가? 특히 약한 신자에게 그리스도를 보여주는가? 우리가 그리스도처럼 그들을 생각하고 관심을 보이는가?

세상을 본받지 않고 남들을 정죄하지 않고 확신을 가지고 생각하고 일관성을 가지고 건설적인 것을 행하고 양심대로 살고 그리스도를 닮는 것 — 이것이 기독교인의 행동기준이요, 하나님의 법의 정신이다. 이제 이 정신을 행동에 옮기자. 술과 담배는 분명히 이 기준에 어긋난 것이다. 영화는? 좋은 영화가 있다고? 그러나 문제는 좋은 영화가 있는가 아니면 정욕과 부패로 뒤섞인 상태의 "좋은 영화"인가? 깨끗한 것이 결한 데서 나올 수 있는가? 로저 뱁슨은 왜 사려 깊은 국민들이 교육과 사회복지에는 그렇게도 많이 기여하면서 이 모든 좋은 것이 밤에 한 시간 영화보는 것 때문에 허물어지도록 하는지 모르겠다고 의아해 한다. 내가 "좋은 영화"를 보러 가는 것이 나보다 더 지식이 적은 약한 신자에게 걸림돌이 되지 않을까? 영화가 세상적인가, 그리스도적인가? 형제들의 행복을 위해 높은 수준의 절제가 필요하지 않을까? 만일 영화가 내 형제도 넘어지게 한다면 나는 평생 영화 보러 가지 않겠다.

우리가 듣는 라디오 방송이나 읽는 잡지도 역시 같은 문제이다. 휘튼 대학에서 한동안 영적인 각성이 있은 후에 어느 일학년 여학생이 자기 라디오 위에 "이 라디오는 주 예수님에게 바쳐진 것임"이란 글을 붙여둠으로써 라디오 방송의 문제를 해결한 적이 있다. 우리가 갈 수 있는 곳과 갈 수 없는 곳이 있다. 가령 야구나 럭비구경은 가도 좋을 것이지만 권투시합은 가면 안될 것이다. 막대기로 공을 치는 것이야 어떠랴마는(야구나 골프 등) 당구장에 가는 것은 곤란하다. 왜? 흔히 당구장이라 하면 좋지 않은 사람들이 많이 드나드는 곳으로 알려져 있기 때문이다. 우리가 입는 복장도 단정해야 한다. 너무 사치스럽고 요란한 옷을 입고 사람들에게 충격을 주어도 안되겠지만 너무 지저분한 옷을 입어도 안될 것이다. 내가 생각하기로는 주일은 매우 중요한 날이다. 주일은 주님께 봉사하는 데 전적으로 바치는 날이다. 세상 사람들은 우리가 주일을 거룩하게 지키나 안 지키나를 주시할 것이다. 주일에 어디를 가고 무엇을 사고 무엇을 읽고 무슨 프로그램을 듣고 하는 것 등으로 스스로 가책할 것이 없고 또 남을 넘어뜨리지 않는 신자가 복된 신자이다.

이것이 바로 욕망의 훈련이다. 우리는 우리의 욕망을 조절하는 훈련을 하여 신자의 행동원리대로 살고 그리스도를 닮도록 소원하며, 우리가 무엇을 하든지 그리스도에게 영광을 돌리며 살아서 남들이 우리 속에서 그리스도를 볼 수 있게 해야 한다. 우리의 욕망이 그리스도에게 순종하는 훈련을 통해 조절되어 남의 신앙을 파괴하지 않고 내 신앙도 손해보지 않도록 해야 하겠다. 우리는 우리 자신을 기쁘게 하지 않고 주 예수님을 기쁘게 하는 자들이다. 우리가 우리 마음대로 살면 특별히 새로 믿어 믿음이 약한 자들이 상처를 입게 될 것이다. "기독교인의 자유"를 억제하는 성구가 전혀 없다는 주장은 마치 가인의 조롱을 반복하는 것과 같다. "내가 내 동생을 지키는 자니이까?" 욕망을 훈련하지 않으면 약한 신자들에게 신앙생활의 기준을 제시하지 못하게 된다. 약한 신자는 오래 믿고 경험있는 신자를 바라보며 살기 때문이다. 욕망을 훈련하지 않으면 약한 신자에게 걸림돌을 놓을지언정 디딤돌을 놓지 못하는 불상사가 생기는 것이다.

반면에 남의 유익을 위해서 자기를 부인하며 자유보다 책임을 앞세우는 일과 그리스도를 닮는 방면으로 욕망을 훈련하면 흔들리는 신자를 강하게 하고 회의주의자들의 통렬한 비판을 막을 수 있는 것이다. 욕망을 훈련하기 위해 "자유"를 잃으면 삶을 이어가는 데 영력이 있는 사람이 될 것이다. 이런 훈련은 우리에게 유익하고 남들에게 힘을 주는 것이다.

14

황야의 훈련

"내 날이 기울어지는 그림자 같고 내가 풀의 쇠잔함 같으니이다
여호와여 주는 영원히 계시니이다"(시 102:11, 12).

과거, 현재 그리고 미래

소망 중의 소망이시요
염려를 해결하시는 주님
나의 깨어진 인생을 고쳐 세우시고
나의 모든 눈물을 무지개로 바꾸셨도다
항해할 때 거센 파도도
오히려 나를 지켜주고
그 물결 타고 주님 찾아오셨도다
광야를 지나오던 옛 일을 생각하면
앞으로도 여전히 그의 사랑 영원하리라.

내 손에서 고이 간직한 보물을 뺏으시고
언약의 사랑을 나타내셨도다
찢어진 가슴의 상처
그의 숨결을 유향(乳香)으로 치료하셨도다
아! 징계의 상처여,
부드러운 주님의 손길이여
지혜로 교훈하고 시련하사
나의 영혼으로 주님만 의뢰케 하셨도다
땅 위에 다른 무엇을 의지하리요.

"내 날이 기울어지는 그림자 같고 내가 풀의 쇠잔함 같으니이다
여호와여 주는 영원히 계시니이다"(시 102:11, 12).

마음이 말할 수 없이 허전하고 외로울 때가 있다. 이스라엘의 탁월한 시인 다윗도 그런 순간들이 있었다. "내가 잠잠하여 선한 말도 발하지 아니하니 나의 근심이 더 심하도다"(시 39:2). "나는 귀먹은 자같이 듣지 아니하고 벙어리같이 입을 열지 아니하옵니다"(시 38:13). 이처럼 형언할 수 없이 외롭고 괴로운 때가 있는가 하면 그러한 순간에도 오묘하고 아름다운 시의 운치를 살려 그 고통을 노래할 때도 있다.

시편 102편은 다윗이 성령의 감동을 받아 자신의 허전하고 외로운 마음을 읊은 시이다.

그의 감정을 여러 가지 비유로 토로함을 보라. 깊은 가슴 속에서 겸손하게 호소하고 있음을 보라. "대저 내 날이 연기같이 소멸하며 내 뼈가 냉과리같이 탔나이다 내가 음식을 먹기도 잊었으므로 내 마음이 풀같이 쇠잔하였사오며 … 나는 광야의 당아새 같고 황폐한 곳의 부엉이같이 되었사오며 … 지붕 위에 외로운 참새 같으니이다 … 내 날이 기울어지는 그림자 같고 내가 풀의 쇠잔함 같으니이다"(시 102:3~7, 11). 연기와 풀과 당아새와 부엉이와 외로운 참새—인간의 영혼이 어쩌면 이다지도 외로울 수 있으랴!

"내 날이 연기같이 소멸하며!" 연기는 가볍고 덧없이 날아간다. 굴뚝이나 야영장의 모닥불을 생각해 보라. 연기는 목적도 감정도 없이 공기 속으로 날아가다가 사라져버린다. 뒤에 남은 것은 다 타버

린 잿더미뿐이다. 우리가 외로울 때 세월이 연기처럼 지나가는 것을 느끼게 된다. 목적도 방향도 없이 감정도 없이 사려져버리는 세월이여! 타다 남은 희망과 쓰디쓴 상처의 잿더미여! 연기처럼 소멸하는 나날들 … .

"내 뼈가 냉과리같이 탔나이다!" 난로는 친절과 희망의 상징이다. 난로는 따스한 불길과 열기를 주며 난로 주위의 쇠창살은 우리를 따뜻하게 맞아준다. 그러나 난로가 싸늘하게 식어 반겨주는 열기가 다 사라져버렸을 때 얼마나 허전하고 쓸쓸한가! 검은 절망 속으로 타버린 잿더미, 싸늘한 추위, 가정의 온기나 친구의 우정이 깡그리 사라진 적막, 쓸쓸한 가슴이란 바로 이런 것이다. 냉과리 타다 남은 숯처럼 탔도다!

"내 마음이 풀같이 쇠잔하였사오며!" 새파란 풀은 사람과 짐승에게 기쁨을 준다. 새파란 잔디를 보면 우선 보기에 좋고 신선함과 안도감을 준다. 새파란 잔디는 하나님의 선하심과 긍휼하심을 생각나게 한다. 시인이 아래와 같이 노래하듯이 …

"아래로 푸른 풀밭, 위로 푸른 하늘은 주님의 놀라운 사랑을 노래하도다."

봄철에 파릇파릇한 잔디는 젊은이의 가슴과 같다. 순수한 연녹빛 잔디는 우리에게 순수한 기쁨을 준다. 그러나 잔디도 바싹 마를 때가 있다. 여름의 뜨거운 태양과 가뭄 속에서 바싹 마른 잔디는 기쁨보다는 슬픔의 상징이며, 꿈 같은 행복보다는 사라진 꿈의 상징이며, 희망찬 미래보다는 소멸된 과거의 상징이다. 쓸쓸한 가슴이란 바로 이와 같은 것이다. 무감각하리 만큼 메말랐고 아무 소용이 없을 만큼 누렇게 변색된 모습—맥도 기운도 없고 아무에게도 기쁨을 줄 수 없는 황폐한 상태, 이것을 가리켜 풀같이 말랐다고 하는 것이다.

"나는 광야의 당아새 같고!" 이 얼마나 적적하고 황량한 모습인가! 넓지만 황폐한 적막과 액운의 광야, 외로운 당아새밖에 아무도 살 수 없는 광야. 당아새가 있다는 것 자체가 이미 애수를 자아낸다. 당아새가 어떤 모습을 하고 있던 상관없이 친구도, 안식처도, 노래도, 기쁨도, 희망도 없는 고독과 침묵의 황야를 생각케 한다. 쓸쓸한 가슴이란 광야의 당아새 같은 것이다.

"황폐한 곳에 부엉이같이 되었사오며" 광야란 황폐하고 적막한 곳이다. 그러나 여기서 "황폐한 곳"이란 그보다 더 황량한 사막을 가리킨다. 잔인한 태양 밑에 휘날리는 모래알들, 큰 바위들과 깊은 골짜기들 그리고 메마른 수로, 이것은 삭막한 살풍경이다. 사람을 미칠 지경으로 몰고가는 가물거리는 신기루, 있을 듯 있을 듯 하다가 아무것도 보이지 않아 쓰라린 눈물을 자아내는 신기루 외에는 미래에 대한 전망이 없이 한없이 펼쳐진 지평선—이것이 사막이다. 어린아이들의 깔깔거리는 웃음도, 연인의 눈빛도, 따뜻한 난로도, 다정한 친구나 가족도 없이, 기쁨을 주는 모습이나 힘을 주는 노래가 없는 곳. 멀리서 단조롭고 적적하고 처량하게 우는 부엉이의 울음소리 뿐. 쓸쓸한 가슴이란 사막의 부엉이 같은 것이다.

"지붕 위에 외로운 참새 같으니이다!" 집이란 포근하고 따뜻한 품이 있고 사랑과 웃음과 안식과 안정이 있는 곳이다. 그러나 지붕 위는 그렇지 않다. 거기는 여름의 열기와 겨울의 냉기와 몰아치는 비바람과 눈, 번개와 차가운 별빛, 천둥과 스산한 바람 등 냉혹한 환경이 있을 뿐이다. 거기는 집 바깥이며 영혼이 쉴 수 없는 곳이며 참새조차도 깃들일 수 없는 곳이다. 쓸쓸한 가슴이란 이와 같은 것이다. 행복한 자들로부터 차단된 곳. 이미 슬프고 외로운 영혼을 더 슬프게 하는 냉혹함이 있는 곳. 지붕 위의 참새 같도다!

"기울어지는 그림자 같고!" 햇빛은 우리 마음을 기쁘게 하고 활기를 준다. 그러나 그림자는 맥이 없고 싸늘하고 변색되어 어쩐지 마음을 아프게 한다. 물론 그늘도 솔로몬이 노래했듯 힘을 주는 안식처를 상징할 수 있다. "내가 그 그늘에 앉아서 심히 기뻐하였고 그

실과는 내 입에 달았구나"(아 2:3). 그러나 그늘은 다윗이 노래했듯 "사망의 음침한 골짜기"(시 23:4)처럼 공포의 상징일 수도 있다. 아무도 모르게 꾸준히, 장애나 방해없이 엄숙히 해가 기울어짐에 따라 더욱더 길어지고 짙어지는 그림자처럼, 인생의 그늘은 내일에 대한 염려와 근심을 자아내는 것이다. 쓸쓸한 가슴이란 기울어지는 그림자처럼 단조롭고 처량하고 어둡고 절망스러운 것이다.

쓸쓸한 가슴—그 침묵은 사라지는 연기 같고, 그 비통함은 싸늘한 난로 같고, 그 처량함은 황야의 당아새 같고, 그 처절한 울음은 사막의 부엉이 울음 같고, 그 무서운 슬픔은 기울어지는 그림자 같다. 이 모든 것이 "내가 풀의 쇠잔함 같으니이다"(11절)란 구절 속에 다 요약되어 있다. 이것은 바로 거듭 절망을 묘사하는 것이다. 잔인한 태양볕에 타고, 끈질긴 가뭄에 메마르고, 허무와 좌절의 황무지 속으로 시들어 들어가고, 하나님이나 사람에게 아무 소용이 없는 메마른 풀—바로 이것이 쓸쓸한 가슴이다.

"여호와여 주는 영원히 계시니이다!" 이 말은 원문에 "그러나"로 연결되어 있다. "그러나"란 작은 접속사 하나가 완전히 새로운 세계로 옮겨준다. 이 한마디로 인생 전체가 뒤바뀔 수 있다. 바울이 인간의 자연스러운 마음을 묘사할 때 자기 자신의 모습에 견주어 말하기를 "다른 이들과 같이 본질상 진노의 자녀였다"고 하였다. 그는 이어 "그러나 긍휼에 풍성하신 하나님이 우리를 사랑하신 그 큰 사랑을 인하여"(엡 2:3, 4)라고 했다. 우리는 진노의 자녀들이었으나 그러나 긍휼에 풍성하신 하나님이 죄의 형벌로부터 우리를 구원하신 것이다. 주 예수 그리스도에 대해서도 바울은 안디옥에서 이렇게 선언했다. "후에 나무에서 내려다가 무덤에 두었으나 그러나 하나님이 죽은 자 가운데서 저를 살리신지라"(행 13:29~30). 다윗에 대해서도 이렇게 기록되었다. "사울이 매일 찾되 그러나 하나님이 그를 그의 손에 붙이지 아니하시니라"(삼상 23:14). 다윗을 체포하려고 격분하여 추격하는 사울로부터 하나님이 다윗을 보호하신 것이다.

쓸쓸한 가슴도 바로 이와 같다. 완전히 메마른 가슴, 그러나 하나님! 그로 인해 생명을 얻고 그로 인해 공허하고 허전한 가슴이 영생으로 가득 차게 된다. 친구와 위로가 연기처럼 사려져도 구세주는 살아계시며 긍휼이 풍성하신 그리스도는 살아계신다. 우리는 그 안에서 지금이나 영원토록 흡족한 것을 얻고 산다. 회색의 잿더미만 남은 싸늘한 난로 같은 가슴일지라도 하나님은 "무릇 시온에서 슬퍼하는 자에게 화관을 주어 그 재를 대신하며 희락의 기름으로 그 슬픔을 대신하게" 하신다(사 61:3). 건초처럼 메마른 가슴일지라도 하나님을 인하여 "광야와 메마른 땅이 기뻐하며 사막이 백합화같이 피어 즐거워"하게 된다(사 35:1). "또 광야를 변하여 못이 되게 하시며 마른 땅으로 샘물이 되게 하시고 주린 자로 거기 거하게 하사 저희로 거할 성을 예비케 하신다"(시 107:35, 36). 풀처럼 메말랐으나 그러나 하나님께서!

하나님은 일어나사 우리를 긍휼히 여기실 것이다(시 102:13). 그의 도움의 순간이 찾아올 것이다(13절). "여호와께서 빈궁한 자의 기도를 돌아보시며 저희 기도를 멸시치 아니하셨다"(17절). 그는 하늘에서 내려오사 우리의 필요를 채워주신다(19~21절). 모든 다른 것은 소멸되어도 하나님은 영원히 계신다. 하나님은 영원히 동일하신 분이시다(25~27절). 모든 것은 실패하나 그러나 하나님은 결코 실패치 않으신다.

그러나 하나님! 그러나 하나님! 연기와 같은 세월을 살아가는 자들에게 이 얼마나 큰 힘이 되는가. 싸늘한 난로처럼 냉각된 인생에게 이 얼마나 큰 축복인가. 풀처럼 메마른 가슴에 이 얼마나 큰 지혜인가. 황야의 당아새 같은 인생들에게 이 얼마나 큰 위로인가. 사막의 부엉이같이 절망한 사람들에게 이 얼마나 큰 기쁨인가. 지붕 위의 외로운 참새처럼 쓸쓸한 사람들에게 이 얼마나 아늑한 안식처인가. 그림자처럼 기울어진 인생에게 이 얼마나 큰 확신을 주는가. 하나님, 그 강하신 분이 살아계시기 때문이다.

이것이 황야의 훈련이다. 그림자처럼 기울어진 인생을 보며, 연기처럼 기력이 쇠하는 것을 보며, 타버린 잿더미처럼 소망이 사라진 것을 보며, 잔인한 황야의 당아새처럼 깊은 절망을 보며, 지붕 위의 참새처럼 외로운 인생을 살아가도 그 처절한 황야에서 "그러나 여호와여 주는 영원히 계시니이다!"라고 고백하는 신앙이 있어야 하는 것이다. 이 훈련에서 실패하면 완전히 곤고하고 가련한 자가 되고 만다. 이 진리를 발견할 때 우리는 영원히 변치않는 신실하신 하나님을 믿으며 날마다 기쁘게 든든히 살아갈 수 있는 것이다.

난 모든 것 모든 장난감을 다 뺏겨
하나도 가진 것 없다
난 가장 소박한 즐거움조차도 뺏겨버린 채
여기 외롭고 괴롭게 앉아 있다.

웬일일까 세월은 흘러갔다
나보다 더 약하고 더 슬픈 자들이
이젠 내 손에 매달려 있다
이제야 난 이해한다.

15

절망의 훈련

"주여 나를 구원하소서"(마 14:30).

유혹 중에서

비바람이 칠 때와 물결 높이 일 때에
사랑하는 우리 주 나를 품어주소서
풍파 지나가도록 나를 숨겨주시고
안식 얻는 곳으로 주여 인도하소서.

나의 영혼 피할 데 예수밖에 없으니
혼자 있게 마시고 위로하여 주소서
구주 의지하옵고 도와주심 비오니
할 수 없는 죄인을 주여 보호하소서!

전능하신 예수께 나의 소원 있으니
병든 자와 소경을 고쳐주심 빕니다
나는 죄와 악함이 가득하게 찼으나
예수께는 진리와 은혜 충만하도다.

— 찰스 웨슬리(Charles Wesley) —

"주여 나를 구원하소서"(마 14:30).

　신자의 생활 중에 고통과 실망과 암흑과 위험의 순간들이 있다. 뿐만 아니라 몸을 비틀 정도로 괴로운 절망의 순간들도 있다. 사느냐 죽느냐의 문제가 달려 있으나 우리 힘으로나 지혜로는 어찌할 도리가 없다. 애를 쓸 수도, 몸부림칠 수도, 도망할 수도, 기절할 수도 없다. 다만 하나님께 울부짖을 뿐이다. 만일 듣지 아니하시면, 당장 도와주지 아니하시면 모든 것이 끝장이 난다. 이 절망의 순간에 누구에게 울부짖어야 할지 모르는 사람은 불행하다. 그러나 아무리 고통스러운 일을 당한다 할지라도 들으실 수 있는 귀와 손을 펴 구출하실 수 있는 분이 누구인지를 아는 자는 행복하다.
　성경에는 간혹 가장 짧은 기도가 가장 효과적인 기도임을 보여준다. 베드로는 할 수 없는 처지에서 꾸밈없이 그저 "주여 나를 구원하소서"라고 부르짖었다(마 14:30). 우리는 베드로가 처한 상황을 안다. 우리가 잠시 동안만 그의 곤경을 생각해 보아도 베드로는 쓸데없이 부르짖는 것같이 여겨진다. 괜히 자기 스스로 위험 속에 자신을 던지지 않았던가? 차라리 폭풍 속에서 배 안에 있었더라면 어느 정도 안전했을 것이다. 제풀에 못이겨 그는 바다 위에 떠있는 유령과 같은 물체를 향해 어두워서 잘 보이지 않는 형체를 향해 "주여 만일 주시어든 나를 명하여 물 위로 걸어가게 하소서"라고 했다(28절). 물결 저 너머에서 어둠을 뚫고 분명히 알 수 있는 주님의 부드럽고 강한 음성이 들려왔다. "오라"(29절). 베드로는 즉시 충동적으로 "예수께로 가기 위해"(29절) 배에서 바다로 몸을 던졌다.

  베드로의 성급한 성격이나 바다 위로 걷겠다는 무분별한 태도는 그리 칭찬할 것이 못 된다. 그러나 주님에 대해 묵묵히 순종하며 깊이 헌신하는 그의 신앙은 치하할 만하다. 우리는 대개 열한 제자와 같이 주님을 사랑하면서도 배의 안정을 바다의 불안보다 더 사랑하는 자들이다. 우리는 바보들이나 미치광이들이 아니기 때문에 감각의 세계 저 너머로 모험적으로 뛰어들지 않는다. 우리는 주님을 위해서도 별로 모험하지 않는다. 주님께서 어둠과 위험 속에서 함께 하신다는 사실을 분명히 알면서도 베드로처럼 즉각적인 재앙으로부터 보호하시는 주님의 강한 손을 체험하지 못한다. 갈릴리 어둔 바다에 파도 속으로 빠져들어가면서 어찌할 바를 알지 못할 때에 주님의 강한 손이 붙들어 주시는 그 체험을 누가 헤아릴 수 있으랴. 절망 속에서 몸부림쳐본 자만이 다음의 말씀을 이해할 수 있다. "예수께서 즉시 손을 내밀어 저를 붙잡으시며 가라사대 믿음이 적은 자여 왜 의심하였느냐"(31절). 의심하면서도 분명하게 "주여 나를 구원하소서"하고 울부짖는 기도가 있었던 것이다. 절망이 구원의 기쁨으로 바뀌어졌다.

  제자들도 절망이 구원으로 바뀌는 이러한 훈련을 어느 정도 알고 있었다. 그들은 어느 날 밤 갈릴리 바다에 예수님과 함께 있었다. 그들은 저물 녘에 주님의 명령에 따라 바다로 나갔다. 주님의 명령은 "우리가 저편으로 건너가자"는 것이었다(막 4:35). 주님이 배 안에 그들과 함께 계셨다. 그러나 그 날의 벅찬 일 때문에 피곤에 지치셔서 곤히 주무시고 계셨다. 그때에 "큰 광풍이 일어나며 물결이 부딪쳐 배에 들어와 배에 가득하게 되었다"(37절). 제자들은 바다에서 잔뼈가 굵은 자들로서 배를 잘 다룰 줄 아는 자들이었다. 그러나 이번만은 그들의 기술과 재능이 쓸데없었다. 외부적인 도움이 없는 한 다 빠져 죽는 수밖에 없었다.

그들은 절망 중에서 베개를 베고 주무시는 주님을 찾았다. 그들은 위기일발의 순간에 부르짖었다. "선생님이여 우리의 죽게 된 것을 돌아보지 아니하시나이까"(38절).

"돌아보지 아니하시나이까?"하는 무서운 생각이 바람과 물결이 거세어지면 질수록, 배가 파선 지경에 이르면 이를수록 그들의 가슴속에서 더욱더 거세게 일어나기 시작했다. 밤의 어두움, 폭풍의 위험, 깊은 바다—이 모든 것이 죽음과 직결되는 것이었다. 그때에 제자들은 그들의 가득 찬 공포를 터뜨려 "우리의 죽게 된 것을 돌아보지 아니하시나이까?"라고 했다. 오늘 우리도 마찬가지이다. 우리는 화창한 날씨에 선한 목자를 따라가며 푸른 초장과 잔잔한 물가에서 편히 쉬고 있다. 그러나 어둠이 짙어지고 위험이 커질수록 우리는 "주님이 왜 도와주시지 아니하시는가? 우리를 버리셨는가?"하고 생각하게 된다. 시편 기자는 절망에 한 발 앞서 찾아드는 의심을 잘 알고 있었다. 그는 이렇게 읊었다. "나의 환난 날에 내가 주를 찾았으며 … 내가 하나님을 생각하고 불안하여 근심하니 내 심령이 상하도다 … 주께서 영원히 버리실까 … 그 인자하심이 길이 다하였는가 그 허락을 영구히 폐하셨는가 하나님이 은혜 베푸심을 잊으셨는가 노하심으로 그 긍휼을 막으셨는가 하였나이다"(시 77:2~9).

우리도 시편 기자나 제자들과 똑같은 경험을 할 수 있다. 그들에게는 주님으로부터 즉각 은혜로운 반응이 있었다. "예수께서 깨어 바람을 꾸짖으시며 바다더러 이르시되 잠잠하라 고요하라 하시니 바람이 그치고 아주 잔잔하여지더라 … 저희가 심히 두려워하여 서로 말하되 저가 뉘기에 바람과 바다라도 순종하는고 하였더라"(막 4:39, 41). 그들은 진정 주님의 부드러운 책망의 질문이 필요했다. 절망의 순간에 우리도 역시 이런 질문이 필요하다. "어찌하여 이렇게 무서워하느냐 너희가 어찌 믿음이 없느냐"(40절). 시편 기자에게 있어서도 이러한 확신이 찾아왔다. "하나님이여 주의 도는 극히 거룩하시오니 하나님과 같이 큰 신이 누구오니이까 주는 기사를 행하신 하나님이시라 민족들 중에 주의 능력을 알리시고 … 주의 길이 바다에 있었고 주의 첩경이 큰 물에 있었으나 주의 종적을 알 수 없었나이다."(시 77:13, 14, 19). 절망의 부르짖음이 구원의 노래로 변하는 것이다!

무명의 세리도 절망의 훈련을 알고 있었다(눅 18:9~14). 그는 그의 인생 종착역에 와 있었다. 만일 그가 그 당시나 현대의 사람들처럼 마음을 먹었다면 자기의 죄악에 빠진 상태를 자기 가문이나 유전이나 환경이나 형편이나 악한 친구들 때문이라고 원망할 수도 있었을 것이다. 사실 그는 기회가 없었다. 가난한 집안에 교육마저 받지 못하고, 거리의 투쟁을 거쳐 나름대로 살아가는 방식을 터득하여 세금을 긁어모으는 부정직한 술책을 부리며 살았던 것이다. 물론 바리새인처럼 존경받는 자들은 그를 무시할 수 있었다. 세리는 자기 스스로 자신을 멸시했다. 그는 자기의 불행한 운명을 원망하지 않을 뿐 아니라 하나님 앞에서 자기의 어떠한 공로도 주장하지 않았다. 기도나 금식이나 십일조나 율법의 어떤 것도 내세우지 않았다. 그는 다만 처절하게 버려진 죄인이었다. "불의한 착취자"였다. 그는 자기 자신을 원망하며 이렇게 기도했다. "하나님이여 불쌍히 여기옵소서 나는 죄인이로소이다"(13절). 하나님은 즉시 그에게 완전한 긍휼을 베푸셨다. 그래서 그는 의롭다 하심을 받고 자기 집으로 내려갔다 (14절).

자신에 대한 투쟁에서 오는 실망과 자기의 죄 때문에 세리는 깊은 절망 속에 빠져 있었다. 하나님의 긍휼이 없다면 돌이킬 수 없이 버려질 인생이었다. 그의 경험은 다윗의 경험과 같았다. "주의 손이 주야로 나를 누르시오니 내 진액이 화하여 여름 가물에 마름같이 되었나이다. 내가 이르기를 내 허물을 여호와께 자복하리라 하고 주께 내 죄를 아뢰고 내 죄악을 숨기지 아니하였더니 곧 주께서 내 죄의 악을 사하셨나이다"(시 32: 4, 5). 자신을 버려진 죄인으로 인정하고 남들을 원망하거나 자신의 공로를 주장하지 않는 회개하는 영혼은 다음과 같이 간증할 수 있다. "여호와여 내가 깊은 데서 주께 부르짖었나이다 주여 내 소리를 들으시며 나의 간구하는 소리에 귀를 기울이소서 여호와여 주께서 죄악을 감찰하실진대 주여 누가 서리이까 그러나 사유하심이 주께 있음은 주를 경외케 하심이니이다"(시 130:1~4). 절망의 구렁텅이 속에서 하나님의 자비의 태양으로 나왔을 때 죄로부터 구원받은 자의 구원의 노래가 있는 것이다.

『인생 행로의 단상』(Thoughts for Life's Journey)이란 책에서 스코틀랜드의 조지 매티슨(George Matheson)은 절망의 훈련을 아래와 같이 읊었다. "내 영혼아, 그대가 엎드려진 장소를 거절하지 말라. 거기가 바로 왕궁의 의상실이었도다. 과거의 위대한 자들에게 물어보라, 그들이 형통한 장소가 어디였던지를. 그들은 대답할 것이다. '내가 과거에 누워 있던 곳은 차가운 대지였다'고. 아브라함에게 물어보라, 모리아 산의 희생제단을 가리킬 것이다. 요셉에게 물어보라, 땅굴 감옥을 가리킬 것이다. 룻에게 물어보라, 땀흘려 수고한 벌판에 기념비를 세우라 할 것이다. 다윗에게 물어보라, 그의 시편들이 밤중에 읊은 것들이라고 대답할 것이다. 욥에게 물어보라, 하나님께서 폭풍 중에 그에게 응답하셨다고 대답할것이다. 베드로에게 물어보라, 그의 눈을 멀도록 강하게 내리비친 빛에서 영감을 얻었노라고 할 것이다. 한 분 더, 인자에게 물어보라, 어디서 세상을 다스리는 권세가 왔느냐고. 그는 대답하실 것이다. '내가 누워 있던 차가운 대지, 겟세마네 동산에서 왔다. 나는 거기서 왕의 홀을 받았노라.' 내 영혼아, 그대 역시 겟세마네에서 화관을 얻으리라. 그대가 지나가기를 원하는 쓴 잔이 나중에 그대의 왕관이 될 것이다. 고독의 순간은 그대에게 대관식의 날이 될 것이다. 좌절의 날이 그대에게 큰 향연을 베풀어 줄 것이다. 그대의 사막이 변하여 그대의 노래가 될 것이며, 그대를 향해 손뼉을 치며 반길 것이다."

위험과 암흑과 좌절과 죽음이 우리 앞에 있을 때 절망 중에 전능하신 분에게 부르짖으면, 그가 우리에게 구원의 왕관을 씌우시며 안전하고 밝은 승리의 삶으로 인도하실 것이다. 절망의 훈련을 통해 우리는 강하신 구원자를 체험하게 되는 것이다.

16

구두점의 훈련

"내게 사는 것이 그리스도라"(빌 1:12).

하나씩 하나씩

한알 한알 모래알은 떨어지고
일순 일순 순간들은 지나간다
어떤 것은 오고 어떤 것은 간다
모든 것을 한꺼번에 잡으려 하지 말라.

하나씩 하나씩 그대의 의무가 그대를 기다리고 있다
그 하나하나에 전력을 쏟으라
미래의 허황된 꿈에 자신을 맡기지 말라
그때그때 우선 교훈을 받으라.

하나씩 하나씩 하늘로부터 선물이 내려온다
이 아래 그대에게로 기쁨이 내려온다
내려올 때 얼른 잡으라
또 사라질 때 미련을 품지 말라.

하나씩 하나씩 그대의 슬픔도 그대를 만날 것이다
무장한 군대 같은 슬픔을 두려워 말라
더러는 지나가고 더러는 찾아오는 법
그림자도 땅을 지나가는 법

후회하며 미련을 품지 말라
지나가는 세월로 실망하지 말라
나날의 수고를 잊지 말고
또한 저 너머를 간절히 바라보라.

시간은 황금띠, 하나님의 동전꾸러미
하늘까지 이르는 꾸러미를 하나씩 취하라
그 다발 전체가 깨어지지 않도록
순례길이 끝나기 전에.

— 아델라이드 A. 프록터 —

"내게 사는 것이 그리스도라"(빌 1:12).

　인생은 때때로 단조로움을 깨고 위기에 접할 때가 있다. 그러나 대개의 경우 별로 중요하지 않고 하찮게 보이는 사소한 일들로 인생을 엮게 된다. 해야 할 일들이 많아서 흔히 사소한 일들을 무시하고 지나갈 때가 있다. 그 때문에 인생의 아름다운 노래를 잃을 뿐만 아니라 인생의 의미조차 상실하고 살 때가 있다. 사소한 일들이 인생에 동기를 부여하고 인생을 노래하도록 만들 수도 있다. 상상의 나래를 펼치지 않더라도 인생을 영어나 기타 다른 언어의 한 문장에 비유할 수 있다. 문장이란 단어의 결합체로서 완전한 하나의 사상을 나타내며 글을 쓸 때는 보통 그 끝을 마침표로 매듭짓는다. 문장의 단위는 주어와 술어이며 특별히 주어와 동사로 표현된다. 지나가는 얘기지만 문장이 너무 복잡해서 한눈에 파악하기 힘들 때도 있다. 인생이 얼마나 문장과 비슷한가!
　인생은 문장처럼 명시로건 암시로건 주어를 가져야 한다. 자아를 인생 문장의 주어로 삼으면 시야가 좁아지고 목적이 피상적이 되고 무엇을 성취해도 만족감이 없게 된다. 한마디로 그런 인생은 허비된 인생이다. "누구든지 제 목숨을 구원코자 하면 잃을 것이요"(막 8:35). 이 말씀은 영원한 세계는 그만두고 현세에서도 적용되는 말씀이다. 그리스도를 장엄한 주어로 삼는 인생은 시야가 넓고 목적이 가치있으며 성취하면 만족감이 크다. 사도 바울이 말한 "내게 사는 것이 그리스도라"(빌 1:21) 하는 인생이 바로 이런 것이다. 우리가 예수님을 위하여 얼마나 인생을 잃느냐 하는 것이 인생의 너비와 높이와 깊이와 동기와 의미를 재는 척도이다.

한 문장을 구성하는 사소한 부분들도 그 나름대로 의의가 있다. 지극히 높으신 하나님께서 우리 인생에 구두점을 찍으시고 우리 인생 문장을 완전하게 파악하도록 만드신다. 당시에는 구두점의 의미를 이해할 수 없을지 몰라도 문장이 완성되고 나면 혹은 그 이전에 우리는 그 의미를 조금씩 파악할 수 있다. "쉼표"(,)는 문장의 방향을 약간 바꾸어 그 의미를 보태거나 의미를 확대시키거나 풍부하게 한다. 우리는 성급해서 빨리 매듭짓고자 한다. 그러나 주님께서는 그의 쉼표로써 새롭고 보다 깊고 보다 풍성한 것을 얻게 하시고 우리 인생을 풍성하게 하신다. 주님께서 사상이나 의미를 바꾸시는 것 같아도 초조해 하지 말자. 주님의 쉼표가 우리에 대한 그의 긍휼과 관심의 표시임을 믿고 신뢰하자.

"세미콜론"(;)은 문장의 방향을 더욱더 갑작스럽게 본격적으로 바꾸는 부호이다. 우리의 인생에도 이와 유사하게 갑자기 생의 의미가 완성되지 못한 채로 버려지는 때가 있고 하늘에서 빛이 사라지고 노래가 침묵이나 흐느낌으로 바뀔 때가 있다. 거기에 아무 이유가 없는 것 같고 그 때문에 인생의 현재도 미래도 없는 것 같다. 주님은 인생을 마감하시거나 인생의 의미를 좁은 시야 속에 제한시키시는 것이 아니라 인생의 방향을 바꾸시는 것이다. 시야를 넓고 풍부하게 만드시는 것이다. 그래서 계속되었으면 싶은 인생 문장에 세미콜론을 찍으시는 것이다.

나는 이런 경우를 내 인생에서 여러 차례 경험했다. 친구들과 즐겁게 지내고 여러 가지 일로 분주하게 지내다가 갑자기 주님께서 이러한 즐거움에 매듭을 지으시고 우리를 다른 곳으로 옮기셔서 사용하시는 경우를 종종 체험했다. 우리는 에콰도르에서 분주하게 선교하며 행복하게 지내면서 거기서 평생 하나님을 섬길 것으로 계획했었다. 젊은이나 늙은이가 다 같이 그리스도를 알게 되어 동족들 사이에 전도할 준비를 하는 것을 보았다. 그보다 더 보람있고 행복한 일터가 없을 것이라 생각했다. 그러나 어느 날 주님께서 세미콜론을 찍으셨다. 그때 인생은 무의미하고 하나님께서 우리에 대한 조치에 실수하셨거나 혹은 우리가 그의 인도하심을 오판하였을 것이라는 생각이 들도록 유혹이 왔다. 여기서 우리가 기억할 것은 환경이 하나님의 뜻을 평가하는 기준이 아니라는 사실이다. 바울과 실라는 마게도냐인이 손짓하는 환상을 통해 하나님의 소명을 확신했다. 그러나 그들은 빌립보에서 불의하게 감옥에 갇혔고 잔인한 고통과 암흑을 체험했다. 그러한 환경이 그들이 하나님의 인도하심을 잘못 받았다는 증거가 되겠는가? 하나님이 인생에 세미콜론을 찍으실 때는 인생의 방향을 근본적으로 바꾸시고자 하심이요 인생의 내용을 확대시키고자 하심이다. 하나님께서 우리를 버리셨거나 잊어버리신 것이 결코 아니다. 어떤 이들은 하나님이 찍으시는 세미콜론에 주저앉아 하염없이 흐느끼는 일이 있다. 세미콜론 그 너머에 분명한 구절이 연결되는 것을 보지 못했기 때문이다. 하나님께서는 결국 분명하게 깨닫게 하실 것이다.

"괄호"는 세미콜론보다도 우리를 더 당황하게 한다. 문장의 진행을 괄호로 묶어 중지시켜 전혀 관계없는 것이 삽입되는 것 같다. 우리 인생이 이와 같이 중지되고 지연되고 어려움을 겪고 어둠 속에 빠지지 않아도 될 것 같은데 왜 이럴까 하는 생각이 든다. 아무런 설명이나 목적도 없어 보인다. 우리는 이 불필요해 보이는 괄호에 대해 이유를 캐내려는 마음이 있다. 우리가 주님을 섬기고자 하는데 왜 이렇게 중지시키는가. 어째서 이렇게 지연되며 실망을 주는가. 어째서 이런 눈물과 비극을 겪어야 하는가. 괄호는 맞지 않아 보이거나 중요하지 않아 보이거나 엉뚱해 보인다. 그러나 거기 그렇게 괄호가 묶여져 있다.

존 번연은 자기 인생의 괄호들 때문에 당황할 만했다. 깊은 암흑과 절망 속에서 그는 그리스도를 통한 구원의 지식에 이르게 되었고 그리스도께 기쁘게 봉사하는 일에 나서게 되었다. 그는 그 봉사에서 행복과 성공을 맛보았다. 그러다가 갑자기 베드포드 감옥에서 길고 지루한 여러 해를 보내게 되었다. 그 괄호 속에서 그는 하나님의 섭리의 오묘함을 발견했다. 우리는 먼 훗날 번연의 일생에 있어서 그 괄호의 의미가 무엇인지를 알게 된다. 이제 그의 말을 들어보자.

"나는 내 일생의 어느 때에도 지금처럼 하나님의 말씀을 깊숙이 깨달은 적이 없었다 … 예수 그리스도가 지금처럼 이렇게 가까이 실제적으로 느껴진 적이 없었다. 여기서 나는 실로 그를 보았고 또 느꼈다 … 나는 여기서 내 죄가 사해진 아름다운 장면을 보았고 저 세계에서 예수님과 함께 사는 기막힌 체험을 했다 … 나는 전에는 결코 하나님께서 내 곁에 항상 계시하는 것을 이처럼 분명히 깨닫지는 못했다 … 나는 또한 내가 모든 것을 하나님을 위해 희생하면 하나님께서 내 모든 문제를 돌보신다는 확신을 얻었다 … 지금 내 마음은 위로로 가득 차 있다 … 이런 시련이 없었더라면 어떻게 되었을까. 생각할수록 위로가 된다.

나는 하나님께서 그 시련을 통해 주신 교훈들에 대해 영원히 그를 찬양할 것이다." 이 모든 것, 그리고 그 이상의 많은 것이 번연의 괄호가 주는 의미인 것이다.

문장을 매듭짓는 "마침표"(.)도 있다. 만일 인생이 사실의 진술이 아니라 의문의 일생이었다면 의문부호로 매듭지어질 수도 있을 것이다. 만일 우리의 인생이 "내게 사는 것이 그리스도라"는 식의 인생이라면 평범한 진술 이상의 의미를 가지는 것이다. 인생은 우리에게 수수께끼일 수는 있으나 다른 사람들에게는 그렇지 않아야 한다. 또 문장이 감탄부호로 끝날 수도 있다. 놀라움을 표시하면서도 실패의 인생일 수도 있다. 그러나 결코 인생은 불완전한 문장이 되어서는 안된다. 인생의 불완전과 불순종이 주님의 눈을 피할 수는 없다. 우리는 사소한 일들을 통해 훈련을 받아서 문장이 완성되어 마침표가 찍히기까지 꾸준히 전진해야 한다.

문장에 여러 종류가 있듯이 인생도 가지각색이다. 짧지는 않아도 단순한 문장이 있을 수 있다. 두서너 개의 독립절로 된 중문일 수도 있다. 혹은 주절을 수식하는 수식구를 가진 복문일 수도 있다. 혹은 복잡하면서도 마지막 단어가 나타날 때까지 의미를 파악하지 못하는 문장일 수도 있다. 또는 조화와 균형이 있는 문장일 수도 있다. 인생이 짧든 길든, 그 인생의 구조가 어떠하든, 정한 길을 돌아가든, 바로 가든, 여기 저기 수정하며 가든, 당분간은 무엇인지 알 수 없든 간에 인생이란 마침표로 끝맺어질 때 의미있고 완전한 것이 된다.

쉼표, 세미콜론이나 콜론, 괄호, 수식어, 독립절과 종속절—문장의 사소한 모든 것들이 그 나름의 목적이 있다. 하나님이 우리 인생에 쉼표를 찍으실 때 우리는 당황할 수 있고, 세미콜론을 찍으실 때 한숨지을 수도 있다. 과거나 미래와 아무 관련없는 것 같은 괄호를 볼 때 당혹케 할 수도 있다. 수식어를 보고 정신을 잃고 어떤 독립절이나 종속절을 보고 경악할 수도 있다. 그러나 우리 인생이 하나님의 작품이라면 우리에게 "사는 것이 그리스도"라면 사소한 모든 것이 기쁨이 될 수 있다. 주님은 인생의 주인으로서 우리 삶의 스승으로서 우리 인생을 분명하게 만드시는 것이다.

주님의 말씀 의지하고
오늘도 순례길 하루
이 황금 지팡이가
내 길을 다가도록 인도해주니
예수 그리스도께서 말씀하신 것
결코 없어지지 않으리!

주님의 말씀
그토록 강하고 그토록 확실한 말씀!

16. 구두점의 훈련

축복과 위안 넘치도다
이토록 아름답고 이토록 순수한
구원의 헌장
믿음의 넓은 토대.

폐함이 없는 주님의 말씀
그 위에 든든히 서도다
그리스도께서 내 손에 그 도장을 찍으시고
그는 결코 거짓이 없으신 분
결코 폐함이 없고
영원히 거하는 주님의 말씀.

— 프란시스 리들리 헤버갈(Frances Ridley Havergal) —

17

의지의 훈련

"모든 일을 행한 후에 서기 위함이라"(엡 6:13).

나는 한 나무를 사랑한다

나는 한 나무를 사랑한다
용감하게 우뚝 솟은 나무!
인생 투쟁에 지쳐
폭풍에 찢기고 삶에 상처받을 때
나는 나무를 바라본다
나무는 내게 새 힘을 준다
나무가 머리를 높이 들고
폭풍을 바로 쳐다보며
굳건히 서서 떳떳이 죽을 준비를 하고 있다면
나도 하나님의 은혜로 —
적어도 하나님의 도움으로 노력해 보겠다
나는 한 나무를 사랑한다!
내게 새 힘을 주기 때문에!

나는 한 나무를 사랑한다!
그것이 죽은 것 같을 때
잎이 다 떨어져 앙상한 가지만 남을 때
겨울이 냉기와 눈발을 뿌릴 때도
나무는 재앙에 끄떡없이 거기 서있다
나무는 봄을 기다리며 거기 서있다
나무는 이토록 신앙심이 깊다
나는 한 나무를 사랑한다!
내게 새 힘을 주기 때문에!

— 랄프 스폴딩 쿠쉬만 —

"모든 일을 행한 후에 서기 위함이라"(엡 6:13).

"그만두기에는 너무 이르다"는 것이 휘튼 대학의 표어가 되었다. 전력을 기울여 의무를 다하는 굳건한 의지의 표현이다. 몇 해 전 이 표어와 같은 제목을 가진 논문을 읽은 적이 있다. 이것은 카메론 (W. J. Cameron) 씨가 1937년 1월 10일, "포드 주일 저녁시간" (Ford Sunday Evening Hour) 프로그램용으로 준비하여 발표한 것이었다. 그 이후로 휘튼 대학 채플에서 여러 차례 읽거나 토론하였으며 최소한 한 학기에 한 번씩은 성경으로부터 예화를 끌어내어 그 표어와 연결시켜 생각하곤 했었다. 그것은 휘튼 대학 생활철학의 일부가 되었다. 휘튼 대학생들은 채플에서 그것에 대해 강해하는 것을 대학 전통의 하나로 알고 기대하고 있다. 카메론 씨의 양해를 구해 여기 그 논문을 다시 싣는다.

"젊은이들이 간혹 포드 씨에게 '어떻게 하면 성공할 수 있습니까?' 하고 질문을 던집니다. 마치 그 질문을 던진 젊은이보다 조금이나마 더 나은 대답을 할 수 있는 사람이 있는 것처럼 말입니다. 그러나 포드 씨는 종종 질문한 젊은이에게 값진 비결을 말해 줍니다. 젊은이가 그것을 받는 순간에는 그 가치를 이해하지 못한다 할지라도 그렇게 합니다. 그런 비결 중의 하나로서 '일을 시작했으면 마치십시오' 라는 것이 있습니다. 이 말은 흔히 하는 케케묵은 충고처럼 들립니다. 그러나 이것은 엔지니어의 인생설계의 일부입니다. 마치십시오!

그런 비결을 받은 젊은이가 '맞습니다마는 마칠 가치가 없는 일일 수도 있지 않습니까'라고 대구하기도 합니다. 물론 포드 씨가 '마치 섭시오'라고 할 때 그 일에 대해 생각하는 것은 아닙니다. 그는 당신—아무개 양, 아무개 군에 대해서 생각하고 있는 것입니다. 인생을 준비하는 기간에 당신이 무슨 일을 하느냐가 중요한 것이 아니라 그 일을 통해 당신이 무엇을 하고 있느냐가 중요합니다. 시작할 때는 부푼 가슴을 안고 식사까지 거르면서 일을 하다가도 갑자기 귀찮아져서 그만두고 맙니다. 당신의 노력을 통해서 얻은 소득이란 일을 그만두는 방법에 대한 지식뿐입니다. '글쎄, 쓸데없는 일이었어요!' 하고 당신은 투덜댑니다. 그럴 수도 있지요. 그러나 문제는 바로 당신 자신에게 있습니다.

일을 그만둘 만한 이유는 얼마든지 갖다 댈 수 있습니다. 포드 씨는 어느 날 우리에게 이런 말씀을 한 적이 있습니다. 자기 집 뒷골목에 있는 작은 벽돌집에서 처음으로 차를 만들고 있을 때, 그는 굉장한 결과를 기대하고 젊은이의 온갖 열정을 다 쏟아서 일을 했다고 합니다. 그리고 나서 그 감격과 그 관심이 금방 사라져버렸다는 것입니다. 왜 그랬을까요? 첫번째 차를 만들면서 두 번째 더 좋은 차를 어떻게 하면 만들 수 있겠다는 생각이 들었기 때문에 두 번째 차에 대한 새로운 비전이 첫번째 차를 만들고 있는 그의 일을 방해했다는 것입니다. 더 좋은 차를 만들 수 있다면 이미 시작한 차를 완성하는 것이 무슨 소용이 있는가? 그러나 그는 마음속으로부터 무슨 경고나 받은 듯이 꾸준히 일을 밀고 나갔습니다. 그는 곧 첫번째 차를 완성하기까지 꾸준히 밀고 나감으로써 두 번째 차에 대해 더욱더 많은 것을 배우게 되었다는 것입니다. 그러나 그만두려는 유혹이 너무도 커서 바로 이것이 문제로구나 하는 생각을 했다는 것입니다. 더 잘하고자 하는 충동보다는 그만두고자 하는 유혹이 더 큰 것을 알게 된 것입니다. 만일 그가 그 유혹에 넘어갔더라면 두 번째 차도 역시 완성하지 못했을 것입니다. 그러니까 일을 중간에 그만두는 그럴듯한 이유로서는 더 나은 것을 시작하겠다는 것이 있습니다.

그만두는 또 하나의 이유는 그와 정반대의 것입니다. 더 나은 것을 보기 때문에 그만두는 것이 아니라 아무것도 보지 못하기 때문에 그만두는 것입니다. 아무 쓸데없는 일을 왜 계속하느냐는 것이지요. 할 일 없으면 낮잠이나 자는 것이 낫지 않겠느냐는 것이지요. 글쎄, 그럴 수도 있겠지요. 그러나 일을 하겠다는 마음이 애초에 있었습니까? 동기가 건전했습니까? 그것을 시작할 만한 분명한 이유가 있었습니까? 그런데 어떻게 된 것입니까? 구름 속으로 들어가 통과하기까지는 필요한 빛을 보지 못하고 필요한 일을 볼 수 없습니다. 충실하게 따라 나가면 결코 끝없는 어둠 속으로 빠지는 법은 없습니다. 그러나 일을 그만두는 사람이 얻을 것은 항상 쉽사리 그만두고 쉽게 시작하는 나쁜 습관뿐입니다. 설령 목표에 도달하지 못한다 해도 포기하지 않는 사람은 결국 다른 목표라도 도달해 버립니다. 버티는 것이 희생을 요구한다 할지라도 끝까지 버티는 자는 더 좋은 자리에서 출발할 수 있는 위치에 있습니다. 그만큼 강인해졌기 때문입니다.

우리는 대개 이런저런 이유로 우리의 현위치에 도달해 있습니다. 여기는 바로 우리만이 차지하고 있는 위치입니다. 우리가 그것을 포기하면 포기하는 그것이 우리 속에 있는 것임을 알게 됩니다. 아무리 절망스러운 상황일지라도 꾸준히 버티고 계속하면 중요한 경력을 쌓는 것입니다. 마지막 안간힘을 다한 것이 승리의 일격이 될 수도 있습니다. 몇 해 동안 관찰해 보면 대부분의 사람들이 너무 일찍 포기한다는 사실을 발견합니다. 한 주일만 더 참으면, 조금만 더 버티면 상황이 완전히 호전될 수도 있습니다. 그러나 그들은 버티기보다는 그만두는 데 익숙합니다. 최근에 강력한 충고에도 불구하고 자기가 원하는 것을 얻을 수 없다고 무엇을 그만둔 사람이 있습니다. 이틀 후에 그가 원한 그것이 그를 기다리고 있었지만 그는 거기 없었습니다. 그는 너무 일찍 그만둔 것입니다. 항상 포기하는 것은 너무 이릅니다.

인생의 무대는 바로 우리 자신입니다. 마음으로 어떤 상황을 만들어내서 스스로 속박될 수도 있습니다. 마음으로 우리 자신이 여러 가지 융통성을 부릴 수도 있습니다. 모든 것을 다시 재정리해 보는 용기와 인내의 힘을 우리는 일상적인 경험으로 겪고 있습니다. 어떤 상황하에서도 버티면, 버티게 됩니다. 그만두면 모든 길이 막힙니다. 열릴 길도 막힙니다. 옮겨야 한다면 옮기십시오. 다이얼을 돌려 다른 파장을 잡으십시오. 수준을 더 높이십시오. 그러나 그만두지는 마십시오. 항상 그만두기에는 너무 이릅니다."

시작한 것을 끝내는 의지의 훈련을 우리는 받아야 한다. 우리는 어떤 일을 하다가 권태로워지면 변화를 원한다. 매학기마다 학업을 덜 끝내고 내게 작별인사를 하러 오는 학생들이 몇몇 있었다. 하나님께서 그들을 휘튼으로 인도하셨는가? 일상적인 학업보다 더 나은 장소나 사람이나 일이 생겼단 말인가? 그들은 지평선 바로 저 너머에는 더 나은 행복이 있을 거라고 생각한다. 아른거리는 비전 때문에 그들은 부과된 학업을 이끌고 나가지 못한다.

이러한 훈련이 우리 주 예수 그리스도의 생애에 잘 나타나 있다. 어린 시절에 그는 하나님 아버지의 일을 했다(눅 2:49). 청년이 되었을 때 "나의 양식은 나를 보내신 이의 뜻을 행하며 그의 일을 온전히 이루는 이것이니라"고 선언하였다(요 4:34). 지상의 과업을 다 이루셨을 때 그는 이렇게 기도하셨다. "아버지께서 내게 하라고 주신 일을 내가 이루었나이다"(요 17:4). 갈보리 십자가에서 그는 "다 이루었다"고 승리의 개가를 부르셨다(요 19:30).

우리도 역시 그의 발자취를 따라가자. 성령의 충만을 받아 맡겨진 일을 마치며 마음을 밝게 하고 발걸음을 재촉하며 강한 손과 꾸준한 마음을 가지고 믿음의 방패와 성령의 검으로 인내로써 우리 앞에 당한 경주를 경주하자. 그의 충만한 은혜를 바라보며 약한 중에 완전해지는 그의 능력을 의지하고 확실한 그의 도움과 변하지 않는 그의 진실함을 바라보고 우리의 의무를 다하는 훈련을 받자. 포기하는 것은 항상 너무 이른 것이다.

18

고통의 훈련

"일어나 좇으니라"(마 9:9).

소경이 되어서

이 어둡고 넓은 세상에서
인생의 절반도 가기 전에
어째서 빛을 잃게 되었는지 생각해 본다
나는 눈을 가지고
조물주의 책망을 받지 않으려
최선을 다해 봉사하고 싶지만
죽으면 감겨질 눈
살아서 반짝이는 하나의 달란트
그러나 내겐 소용없이 붙어 있다
"낮에 일을 시키시면서 빛을 거두시나이까?" 하고
부드럽게 여쭈어 본다
그러나 이 원망을 막는 인내가 이르되
"하나님은 인간의 일이나
인간의 재능을 요구하시지 않는다
자신의 멍에를 묵묵히 지고 가는 자,
그가 하나님을 가장 잘 섬긴다
그는 왕과 같은 자태를 가지고 있다
하나님의 명령만 기다리며
쉴새없이 땅과 바다를 지나는
수많은 신하들
서서 기다리는 자도 그를 섬긴다."

― 존 밀턴(John Milton) ―

"일어나 좇으니라"(마 9:9).

경건한 자들이 수많은 고난을 겪으며 인생을 살아가는 것을 보면 무슨 말을 해야 할지 모를 때가 있다. 『멕시코 정복』(The Conquest of Mexico)과 함께 『페루 정복』(The Conquest of Peru)이라는 책자는 역사기록으로서 불후의 명작이다. 그러나 이 작품의 저자가 심한 신체적인 결함을 가진 자임을 아는 사람들이 별로 없는 것 같다. 그 저자 프레스코트(William H. Prescott)는 아타후알파(Atahuallpa), 피자로(Pizarro), 알마그로(Almagro) 등을 멋있게 묘사하는 장면 맨 앞에 솔직하게 자신의 얘기를 털어놓았다.

"나는 대학 시절에 눈에 부상을 입어 시력을 잃고 말았다. 다른 한 눈도 심한 염증으로 한동안 시력을 잃었다. 그 후, 한 눈은 회복이 되었지만 워낙 기능이 약해서 영영 시력을 잃을 가능성이 있었다. 그 뒤 두 차례나 수년 동안 쓰지도 읽지도 못할 정도로 나머지 한 눈의 시력마저 잃었다. 바로 이때 나는 마드리드로부터 페르디난드와 이사벨라의 역사자료를 얻게 되었다. 두 눈의 시력을 잃은 상태에서 대서양을 건너온 보물과 같은 역사자료를 앞에 둔 채, 쌀뒤주 옆에서 굶어죽는 생쥐와 같았다. 이런 상태에서 눈 대신에 귀를 사용해야겠다는 결심을 했다. 비서로 하여금 내게 책을 읽어주게 했다. 듣는 동안에 나는 여러 외국어 발음에 익숙해졌다(그중 어떤 외국어는 내가 해외에 거주하는 동안 이미 익숙한 것이었음). 그래서 별어려움 없이 그가 읽는 것을 이해할 수 있었다 … .

　기계적으로 글을 쓰는 동안 눈에 심한 충격이 가해져서 또다시 어려움을 겪게 되었다. 이번에는 맹인들이 사용하는 점자의 도움으로 시력을 사용하지 않고 내 생각을 종이에 옮겨놓을 수 있게 되었다. 그래서 어두울 때나 밝을 때나 똑같이 글을 쓸 수 있었다 … .

　내 일이 진행되는 것을 느끼면서 용기가 생겼지만 일의 진행은 너무도 더뎠다. 그러나 시간이 지남에 따라 눈의 염증이 점점 사라져가고 시력을 다시금 회복하게 되었다. 그래서 하루에 여러 시간씩 읽을 수 있을 정도로 시력이 회복되었다. 그래도 해가 지면 자동적으로 글 쓰는 일을 그만두어야 했다 … .

　그러나 지난 2년 간 또다시 변화가 왔다. 신경은 더욱 예민해졌으나 시력이 점점 더 약해져서 작년 몇 주 동안에는 평균 하루 한 시간밖에 일을 할 수 없었다 … .

　내가 이 글을 쓰는 동안 독자에게 양해을 구한다. 혹시 이 문제에 대해서 호기심이 있는 자는 내가 역사를 쓰는 동안 얼마나 곤란을 겪었을지 알 수 있을 것이다. 그것이 적지 않은 곤란이었음을 금방 알았을 것이다. 한쪽 눈의 시력이 가장 좋은 때에도 그 눈을 사용하는 데 제한을 받았으며, 어떤 때는 전혀 눈을 사용할 수 없었으니 말이다. 그러나 내가 겪는 고통이란 것은 맹인의 운명에 비하면 아무것도 아니다. 나는 현재 살아있는 역사가로서 이 정도의 장애를 극복한 것을 자랑스럽게 내세울 만한 자는 없다고 본다. 다만『노르만족의 앵글로 정복』(*La Conquete de l'Angleterre par les Normands*)이란 책의 저자는 심한 어려움을 극복한 저자였다. 그의 감동적이면서도 아름다운 표현을 빌린다면 그는 '어두움의 친구'였다. 그는 눈을 쓸 수 없음에도 불구하고 내면으로부터의 깊은 조명을 요구하는 심오한 철학에다 광범위하고 다양한 연구능력을 발휘했으며 역사학도로서 가장 깊이 있는 글을 썼다."

이것이 고통의 훈련이다. 불굴의 의지를 가진 자만이 이 훈련을 이해하고 극복한다. 강인한 의지를 가진 자만이 심한 두통과 시력의 상실에도 불구하고 자기보다 더 고통스러운 자가 있다고 말할 수 있게 된다. 의지가 약한 자는 자신의 질병과 슬픔과 고독에 삼켜져버리고 말 것이다.

존 밀턴은 시력을 완전히 잃은 심각한 고통의 훈련을 겪었다. 명석한 두뇌와 재능을 타고났으며, 당시의 어떤 누구보다 더 많은 교육을 받았으며, 신령한 감각이 뛰어났던 그는 44세에 소경이 되었다. 당시 영국은 왕정과 공화정 사이에 피나는 투쟁을 겪고 있었다. 밀턴은 한동안 공직에 계속 근무했다. 그러나 눈이 멀었다는 사실이 공직수행에 있어서 치명적인 장애물이었다. 그는 이런 고난 중에서 자기의 잔인한 운명을 놓고 신음하거나 자기 인생의 어두운 시야 때문에 비통해하는 대신에 불후의 명작들을 써냈다. 『실락원』(Paradise Lost), 『복락원』(Paradise Regained), 『용사 삼손』(Samson Agonistes) 등이 그 당시에 쓴 작품들이다. 소경이었지만 낙원을 볼 수 있었고 그 후 오고 오는 세대의 수많은 사람들로 하여금 낙원을 볼 수 있게 하였다. 소경이라면 누구나 밀턴처럼 하나님에게 질문을 던질 수 있을 것이다.

"낮에 일을 시키시면서 빛을 거두시나이까?"

밀턴은 청교도의 투지와 인내, 지극히 높으신 분의 공의와 긍휼에 대한 불굴의 신앙으로써 다음과 같이 시구를 맺었다.

"서서 기다리는 자들도 그를 섬긴다."

나라를 섬기는 것보다 더 귀한 봉사를 요구한 자가 누구인가? 인간이 아니라 하나님이셨다.

인생의 모든 고통은 신체적인 것이 아니다. 물론 신체의 결함이 우리 정신에 큰 영향을 미치는 것은 사실이다. 신체적인 결함이 사람의 정신을 파괴시킬 때도 있다. 그러나 밀턴처럼 그 결함 때문에 오히려 더 유익한 사람이 될 수도 있다. 가령 모세는 일을 시작하기 전에 노인이라는 결함이 있었다. 혈기방장한 40세에 망명을 떠나 사막의 목자로서 무명한 나날을 보내야 했다. 그는 바로의 화려한 왕국에서 미디안 광야의 양우리로 옮겨졌으나 그 고독과 허탈함에 속히 적응할 수 있었다. 대부분의 사람들이 은퇴하는 80세에 그는 떨기나무 불꽃을 보며 자기 민족의 구원자로서의 부르심을 받았다. 그는 이 부르심을 거절할 만한 이유가 있었다. "내가 누구관대 바로에게 가며 이스라엘 자손을 애굽에서 인도하여 내리이까"(출 3:11). 누가 무명한 늙은이를 지도자로 삼아 거칠고 무식한 12지파를 민족으로 형성하여 약속의 땅으로 인도해 내겠는가? 그를 원하는 사람은 아마 아무도 없었을 것이다. 그러나 하나님은 그를 원하셨다. 그는 인간적인 결함에도 불구하고 하나님의 사람이었다.

  모르드개도 유대인으로서 인종차별이라는 절망적인 상황에 처해 있었다. 그는 이방에서 유대인으로서의 결함이 있었다. 그는 인종차별이 얼마나 쓰라린 고통을 주는지 체험하고 있었다. 그는 자기 질녀 에스더에게 유대인임을 나타내지 말라고 했다(에 2:20). "하만은 모르드개가 유대인임을 알고 하늘로 치솟는 분노를 느꼈다"(3:4). 그 결과 "아하수에로의 온 나라에 있는 유다인 곧 모르드개의 민족을 다 멸하고자 하였다"(3:6). 하만의 술책이 일시적으로는 아무 방해없이 잘 진행이 되었다. 한편 모르드개는 공포와 슬픔에 사로잡혔다(4:1~3). 모르드개의 고통이 어떠했는지는 압제자의 구둣발에 짓밟혀보고 남을 괴롭히는 것을 즐기는 자에게 분노를 겪어본 자만이 알 수 있을 것이다.

  그러나 모르드개는 난감해 보이는 상황 속에서도 고통에 눌려 절망하지만은 않았다. 베옷을 입고 재를 덮어쓰고 일어나 하나님에게 부르짖었다. 그리고 나서 위험하고 과감한 방법인 줄 알면서도 에스더로 하여금 왕궁의 법을 어기고 왕 앞에 나아가도록 했다. 왕의 요청없이 왕 앞에 나아가는 것은 죽음의 길을 가는 것과 같았다(4:16). 에스더의 왕궁에서나 또 왕궁 밖에서 금식과 기도가 있어야 했다. "모르드개가 가서 에스더가 명한 대로 다 행하니라"(4:17). 무턱대고 유대인을 학살하고자 하는 하만의 만행을 누가 막을 수 있겠는가? 인간이 아니라 하나님만이 고통 속에 빠진 모르드개를 도우실 수 있었고 또 도우셨다.

세리 마태는 사회적인 천민들에게 편견과 조소가 쏟아지는 것을 잘 알고 있었다. 세리는 당시 팔레스타인에서 모든 사람들이 고개를 흔드는 최하급 천민이었다. 마태는 유대인들이 증오하는 로마인들의 부하로서, 자기 민족에게는 반역자요 매국노였다. 세리라면 개나 파리처럼 여기는 시기였다. 제정 로마의 꼭두각시 반역자! 사람들은 사실 멸시나 조롱으로 세리를 사람취급도 하지 않았다. 세리는 최하급 천민일 뿐만 아니라 죄인 취급을 받았다. 그래서 마태의 집이나 혹은 다른 곳에서 주님의 제자들에게 사람들은 이런 질문을 했다. "어찌하여 너희 선생은 세리와 죄인들과 함께 잡수시느냐"(마 9:11; 눅 15:2 등).

그러나 마태는 사회적인 오명에 굴하지 않았다. 그가 세관에 앉아 있을 때 "나를 따르라"는 주님의 형언할 수 없이 축복스러운 음성을 들었다(마 9:9). 그는 주저없이 일어나 주 예수 그리스도를 따랐다. 사회적 지위의 결함이나 가문이나 여론의 따가운 화살을 개의치 않았다. 사회에서 버림받은 자가 구세주의 종이 되었다. 후에 그는 마태복음의 인간 저자가 되었다. 생명의 구주가 버림받은 세리의 봉사를 기쁘게 받으시리라고 누가 생각했을까? 아무도 그런 생각을 할 수 없었을 것이다. 그러나 주님은 그를 받으셨다.

여기에 고통의 훈련이 있다. 자신의 제한과 결함을 인식하면서도 그것을 무릅쓰고 일어나 불가능에 도전하는 훈련이다. 실망과 고통에 굴복하는 것은 패배의 길이다. 거듭 말하지만 신체적, 인종적, 사회적, 인격적 결함이 있을 수 있다. 그러나 일어나 주님을 따르는 자는 번연의 순례자와 함께 "고통의 언덕"을 걸어올라가 그 꼭대기에서 "화려한 궁정"에 입성하여 창문을 열고 타오르는 태양과 찬란한 모습을 바라볼 수 있다. 시력이 약해지고 기력이 쇠해지며 친구들이 떠나고 원수들이 사나우며 장애물이 가로막고 고통이 괴롭혀도 꾸준히 기어올라가는 훈련이 고통의 훈련이다. 고통에 굴하지 않는 가슴을 하나님은 사용하신다.

19

역경의 훈련

"나의 당한 일"(빌 1:12).

하나님을 바라보며

항상 주님을 바라보며
바라볼 때마다 주님의 도움을 받습니다
주님의 강하고 부드러운 사랑을 느끼며
모든 것이 다시 형통합니다
주님을 생각하면
죄와 고통과 슬픔 모두 사라집니다.

인생에 지쳐 실망하고
인생짐이 무거워 낙심하며
인생의 실패나 공포에 눌려 수치를 당하며
길가에 쓰러져 있을 때 주님만 생각케 하소서
그러면 새로운 용기가 솟아오릅니다.

불안에 못 견딜 때
주님의 평온을 바라봅니다
흔들리는 의지를 소생시키는
주님의 생명수가 내 속에 흐릅니다
외로울 때 함께하시며
만사 합력하여 선을 이루십니다.

주님의 사랑의 품에 깊이 안기며
주님의 법에 의지하여 섭니다
만사에 주님의 손을 보며
또 만사가 주님의 손에 달려 있습니다.
알지 못하는 길로 인도하시며
나의 통곡을 찬양으로 바꾸십니다.

― 사무엘 롱펠로우(Samuel Longfellow) ―

"나의 당한 일"(빌 1:12).

　인생은 때로 조화도 이유도 없이, 옳고 그름도 없이 무의미하고 비참해 보일 때가 있다. 어디에나 혼란과 고통이 많고 비극과 눈물과 비정과 비리와 질병과 슬픔이 있다. 마치 우주 전체가 혼돈에 빠져 비참하게 뒤죽박죽된 듯하다. 세상사가 농담 같기만 하다. 분명한 목적이나 계획이 없이 우연한 것만 같다. 정서도 고통도 없는 것 같다. 사랑 대신에 당황과 고독이요, 도움 대신에 장애물이요, 넓은 시야 대신에 헛된 희망이요, 즐거움 대신에 고통이며, 활력 대신에 무기력이요, 노래 대신에 흐느낌이며, 자유 대신에 억압이며, 빛 대신에 어두움이며, 성취 대신에 허사다. 우리 모두가 이런 것을 겪는다. 이것이 인생이다. 그러나 인생의 전부는 아니다.
　한숨 대신에 노래를, 무료함 대신에 봉사를, 우울 대신에 기쁨을, 절망 대신에 확신을, 통곡 대신에 노래를, 무용함 대신에 유용함을, 투옥 대신에 활동을 공급하는 훈련이 있다. 용감한 자들은 잔인한 시련 속에서도 신념을 굽히지 않았고, 어두운 그늘 속에서 노래했으며, 심한 당혹 속에서도 믿음을 지켰고, 악한 사단의 공격을 받을 때 하나님의 도움을 바라보았다. 그들은 시련과 비극과 눈물 저 너머로 로마서 8:28의 진리를 내다보았다. "우리가 알거니와 하나님을 사랑하는 자 곧 그 뜻대로 부르심을 입은 자들에게는 모든 것이 합력하여 선을 이루느니라."
　요셉이 이 훈련을 겪었다. 형들이 시기하고 미워해서 그는 외국에

노예로 팔렸다(창 37장). 보디발의 가정에서 능률적으로 봉사했지만 누명을 덮어쓰고 감옥에 갇혔다(창 39장). 그 어두운 감옥에서 봉사하며 바로의 술맡은 신하와 떡굽는 신하의 꿈을 해석해 주었으나 그를 기억하고 대접하는 자 없었다(창 40장). 그러나 옥문이 열리고 (창 41:14), 대궐에서 봉사하며 하나님의 축복을 받아 장자의 이름을 므낫세라 하여 하나님께서 그의 고난과 아버지 집의 모든 일을 잊게 하셨음을 기억하였고, 차자의 이름을 에브라임이라 하여 하나님께서 고통의 땅에서 창성케 하셨음을 기억하며 마침내 형들이 그에게 머리를 숙이는(42:6; 43:26; 44:14) 때가 오고야 말았다. 형들에게 요셉은 이렇게 말할 수 있었다. "당신들이 나를 이곳에 팔았으므로 근심하지 마소서 한탄하지 마소서 하나님이 생명을 구원하시려고 나를 당신들 앞서 보내셨나이다 … 하나님이 큰 구원으로 당신들의 생명을 보존하고 당신들의 후손을 세상에 두시려고 나를 당신들 앞서 보내셨나니 그런즉 나를 이리로 보낸 자는 당신들이 아니요 하나님이시라"(창 45:5, 7, 8). 당신들이나 당신들의 시기나 악의나 증오가 아니라, 하나님이! 그 후에 요셉은 이렇게 덧붙였다. "당신들은 나를 해하려 하였으나 하나님은 선으로 바꾸셨나이다"(50:20). 당신들의 생각은 악했으나 하나님의 생각은 선했다는 말이다. 요셉뿐 아니라 그의 모든 형제들에게 만사 합력하여 선을 이루었다.

 욥도 이 훈련을 겪었다. 그는 행복하고 건강하고 남을 돕기를 즐기며 하나님 앞에 거룩한 자였다. 하나님은 그를 가리켜 "그와 같이 순전하고 정직하여 하나님을 경외하며 악에서 떠난 자가 세상에 없다"고 하셨다(욥 1:8). 그러나 난데없이 사랑하는 자식들과 재산과 건강과 모든 것을 잃게 되었다. 소위 그를 위로한다는 그의 친구들처럼 독단적인 확신을 가지고 간혹 톡톡 쏘면서 욥의 고난은 죄의 결과라고 말하는 것은 아무 의의가 없다. 욥기에서 하나님은 여러 가지로 교훈을 주신다. 범죄하지 않아도 고난을 당할 수 있으며, 불순종하지 않아도 역경을 만날 수 있으며, 불의가 없어도 고통을 당할 수 있으며, 아무 이유없이 슬픔을 당할 수 있으며, 근거없는 혼란을 당할 수 있으며, 부당한 심판을 당할 수 있음을 보여준다. 순진한 자녀들이 부모들의 잘못 때문에 고생하며, 착취자들의 탐욕과 독재자들의 교만과 법률의 허구와 악한 자들의 비인도적인 행위와, 폭군들의 학정과 전쟁의 황폐와 환경의 어려움과 불경건한 자들의 망동 때문에 무고한 시민들이 고난을 당할 수 있다.

모든 고통이 반드시 죄의 결과인 것은 아니며, 건강을 잃어 "영혼의 어두운 밤"을 만날 수 있으며, 하나님께서 고난을 당하는 성도에게 한숨을 거두어주시고 구원하신다는 진리를 제쳐놓는다면, 욥기는 수수께끼 투성이요, 전혀 이해할 수 없는 책이 되고 만다. "영혼의 어두운 밤"이 우리를 속박하고 하나님에 대한 신뢰를 시험하며, 우리의 의뢰심을 빼앗아가고 우리의 전망을 어둡게 하며 우리의 능력을 시험할 수도 있다. 그래서 마침내 우리도 욥처럼 우리의 생일을 저주하며(3:1~18), 하나님을 잊어버리고 죽음을 사모하게 될 수도 있다(17:14~16). 그러나 먹구름 사이로 빛줄기가 비쳐온다. "내가 알기에는 나의 구속자가 살아계신다"(19:25). "나의 가는 길을 오직 그가 아시나니 그가 나를 단련하신 후에는 내가 정금같이 나오리라"(23:10). 이런 고백은 욥의 어두운 경험 속에서 진귀하게 깨달은 고백이다. 욥은 캄캄하고 어두운 밤 속에서 결코 아침이 올 것 같지 않은 경험을 했다.

이러한 심각한 시련의 때가 하나님의 사랑하는 자녀에게 간혹 찾아든다. 절망에 빠지고 생각이 둔해지고 희망이 흐려지고 부르짖어도 도움이 없는 때가 있다. 이런 때는 어떤 위로자도 위로할 수 없으며 건전한 충고나 강한 격려로도 붙잡아줄 수 없으며 더군다나 죄 때문에 그렇게 되었다고 정죄하면 넘어진 영혼을 결코 붙들어 세울 수 없는 것이다. "영혼의 깊은 밤"은 마치 "사망의 음침한 골짜기"를 통과하는 『천로역정』의 기독교인처럼 홀로 통과해야 하는 골짜기이다. 통로가 위험하며 대적이 우글거리고 심연이 입을 벌리고 가슴이 두근거린다. 그러나 어두운 영혼이 계속 걸어가면 아침은 밝아온다. 『천로역정』의 기독교인이 그러했고 욥도 그러했다. "여호와께서 욥의 곤경을 돌이키시고 욥에게 그전 소유보다 갑절이나 주신지라 … 여호와께서 욥의 모년에 복을 주사 처음 복보다 더하게 하셨도다"(42:10, 12). 성경은 욥을 가리켜 이렇게 평가한다. "보라 인내하는 자를 우리가 복되다 하나니 너희가 욥의 인내를 들었고 주께서 주신 결말을 보았거니와 주는 가장 자비하시고 긍휼히 여기는 자시니라"(약 5:11).

주님의 축복! 주님이 주신 결말! 주님의 자비와 긍휼! 이 모든 것이 합해서 욥에게 선을 이룬 것이다. 의의 증언은 오고 오는 세대에 무수한 신자들에게 더할 수 없는 격려가 되고 있다.

요나도 이 훈련을 겪었다. 욥은 자신의 잘못이 없었음에도 처절한 고난을 당했지만, 요나는 불순종 때문에 고난을 당했다. 그는 자기를 향하신 하나님의 뜻을 알았으나 그것을 피해 도망갔다. "하나님의 목전"으로부터 도망가고자 하는 인간의 마음을 상상해 보라(욘 1:3). 드디어 폭풍이 일어났다. 바다에서도 그의 마음속에서도 폭풍이 일었다. 배에 탄 사람들은 공포에 떨었다. 요나는 자기의 실패를 증거하지 않을 수 없었다. 성난 물결 속으로 던져져서 큰 물고기의 무덤과 같은 뱃속에 떨어진 요나의 심정을 누가 헤아릴 수 있으랴. 어둠과 절망과 임박한 죽음이 그에게 분배된 몫이었다. "음부의 뱃속에서"(2:2) 그는 회개와 신앙으로 주님께 부르짖었다. "내가 말하기를 내가 주의 목전에서 쫓겨났을지라도 다시 주의 성전을 바라보겠다 하였나이다 … 내 영혼이 내 속에서 피곤할 때에 내가 여호와를 생각하였삽더니 … 나의 서원을 주께 갚겠나이다 구원은 여호와께로서 말미암나이다"(2:4, 7, 9). 절망 중에 기절하면서도 회개하여 주께로 돌아왔을 때 주님은 그를 죽음으로부터 건지셨고(2:10), 그를 두 번째로 불러 사명을 맡기셨다(3:1). 욥의 오랜 고난과 비교할 때 요나의 훈련은 짧고 극적이었으며 효과적이었다. 합력하여 선을 이룬 것이다. 그는 "구원이 여호와께로 말미암는다"는 진리를 배웠다.

사도 바울은 탁월하게 이 훈련을 겪었다. 다메섹 도상에서 주님의 부르심으로 구원과 소명을 받았다(행 9:3~6; 26:12~20). 그는 여러 도시와 나라에서 주님을 섬겼다. 육지와 바다에서 많은 위험을 당했고 생명의 위기까지 만났으나 성공적으로 임무를 수행했다. 벅찬 일생의 말년에는 안식의 때가 있을 법도 했으나 말년에 더 큰 고난을 겪었다. 예루살렘에서 바울 때문에 소란이 일어났다(21:27~22:24). 그는 예루살렘 감옥(22:24), 가이사랴 감옥(23:23~26:32), 로마 감옥(28:26)을 계속 거쳐갔다.

확실히 바울 당시의 신자들은 바울이 석방될 가망도 없이 오래 투옥되어 있었기 때문에 당황했을 것이다. 빌립보에 있는 신자들이 염려와 근심을 털어놓았을 때에 바울은 이렇게 대답했다. "형제들아 나의 당한 일이 도리어 복음에 진보가 된 줄을 너희가 알기를 원하노라"(빌 1:12). 불의와 음모와 모독과 투옥이 우연히 된 것 같았으나 바울의 사명을 감당하는 데 사용된 것이다.

바울은 과거에도 그런 훈련을 받았다. 그를 죽이고자 하는 최초의 음모가 드러났을 때 그는 하나님의 섭리를 깨달았다(행 9:22~25). 마술사가 그에게 도전해 왔을 때 그로부터 하나님의 능력이 나타나는 계기가 되었다(13:6~12). 안디옥에서 핍박을 받았을 때 이방인들에게 전도할 수 있었다(13:44~49). 빌립보에서 투옥되었을 때 간수들과 죄수들에게 전도할 기회를 얻었다(16:25~34). 이런 모든 경우에 그는 다윗의 간증을 확인할 수 있었다. "의인은 고난이 많으나 여호와께서 그 모든 고난에서 건지시는도다"(시 34:19). 로마에서 투옥되었으나 보초들에게 효과적으로 전도할 수 있었다(빌 1:13). 그런 일로 인해 오늘날까지 겁많은 신자들이 용기를 얻고 있다(1:14). 그 경험이 복음의 깊은 진리를 밝혀주었다. "내게 사는 것이 그리스도니 죽는 것도 유익함이니라"(1:21). 아울러 성령의 감동으로 옥중서신을 쓰는 계기가 되었다. 우연히 일어난 것 같았으나 복음의 진보가 되었다. 합력하여 선을 이룬 것이다.

여러분과 내게 우연히 일어나는 것 같은 일들이, 시기나 나태나 상실이나 어두움이나 불순종이나 절망이나 편협 때문만은 아니다. "하나님의 의지의 중심"에서 이 모든 일이 "주님의 사랑스러운 손길"로부터 오는 것이다. 하나님은 선을 이루시고자 하신다. 하나님은 긍휼과 자비가 풍성하시다. 모든 것이 합력하여 선을 이룬다. 역경이 우리의 생애에 대한 하나님의 목적을 이루는 도구이다. "구원이 여호와께로 말미암는다"는 교훈을 우리는 역경의 훈련을 통해 배우는 것이다.

20

실망의 훈련

"내 심령이 편치 못하여"(고후 2:13).

성취

"내 말은 때가 되면 다 성취되리라"
"그가 약속하신 말씀은
하나도 폐하지 않고 다 성취되었다."

성취!
아! 얼마나 아름다운 단어인가!
피곤한 세월을 지나
고통과 눈물을 지나
의심과 공포를 지나
성취!

성취!
모든 약속이 지켜지다!
기다리고 사모하며, 두려움마저 품었으나
밝은 희망이 다 사라진 후에,
그가 말씀하신 대로 이루어지도다
성취!

성취!
넘치도록 풍성하게
누르고 되어 넘치도록,
그가 보여주신 모든 것, 또 그 이상
하늘 문을 여시고 부어주시도다
성취!

— 프란시스 메트카페(Frances Metcalfe) —

"내 심령이 편치 못하여"(고후 2:13).

　고대하던 일이 좌절될 때, 벅찬 희망이 수포로 돌아갈 때, 아름다운 꿈이 깨어질 때 깊은 실망의 고통을 느껴보지 않은 사람이 있겠는가? 어둡고 처절한 실망의 깊이를 맛보았을 것이다.
　본래 그렇게 되도록 계획한 것은 아니었다. 친구들의 도움을 기다렸고 그들의 밝고 건설적인 협조를 바라보고 그들의 진실한 말과 행동을 믿었으나 결국 그들은 내게 실망을 주었다. 벅찬 과제를 수행하기 위한 넘치는 건강이 필요했으나 가련할 정도로 기운이 없었다. 하나님의 영광을 위하여, 보람된 목표를 성취하기 위해서 많은 자원이 필요했으나 자원이 고갈되었다. 격려와 열정적인 지지가 필요했으나 싸늘한 비판과 죽음과 같은 무관심뿐이었다. 사람들의 약속을 믿었으나 지나가는 바람에 불과했다. 우리는 무엇을 얻기보다 고통만 겪었다. 이런 경우를 실망이라고 한다.

　차라리 우리의 잘못 때문이라면 고통이 덜했을 것이다. 우리는 남들을 의지하고 우리 자원을 보존하며 우리의 최선을 다했다. 그러나 실망뿐이다. 노력하며 희생하나 환멸과 절망과 좌절뿐이다. 이런 경우 우리는 자기 연민에 빠지며 이 자기 연민의 감정이 우리 가슴의 구석구석을 파먹고 남들에게까지 피해를 준다. 도대체 왜 계속해야 하는가? 왜 웃어야 하는가? 왜 웃어야 하고 남을 신뢰해야 하는가? 공중누각이 깨어지고 실망만 남은 지금 이불 속에 드러누워 남들을 원망하며 상처난 가슴을 스스로 어루만지는 것이 낫지 않을까?

환멸과 절망과 좌절과 자기 연민은 실망을 치료하지 못한다. 꾸준히 버티는 것만이 실망을 치료하는 약이다. 고린도후서 2:12~14에서 사도 바울의 경험을 통해 훌륭한 예를 찾아볼 수 있다. 그는 드로아(Troy) 성에서 디도를 만나리라 기대했었다. 그러나 디도는 나타나지 않았다. 그가 왜 오지 않았는지 성경에는 기록이 없고 다만 바울이 몹시 초조해 했던 것만 나타나 있다. 바울은 실망을 어떻게 처리했던가? 그는 계속 일을 하면서 지극히 높으신 분이 "항상 우리를 그리스도 안에서 이기게 하신다"(14절)는 확신을 가지고 감사를 드린다.

감사는 실망을 고친다. 감사하는 마음은 시련 뿐 아니라 과거의 승리를 기억한다. 길에서 만난 숱한 위험 뿐 아니라 말씀 속에 있는 허다한 약속들을 기억한다. 바울은 여러 경우에 감사했다. 생명을 위협하는 폭풍 속에서 음식과 거처에 대하여 감사했다(행 27:35). 먼 곳에 있는 신실한 형제들을 인하여 감사했다(롬 1:8; 고전 1:4; 빌 1:13 등). 무엇보다도 하나님의 최고의 선물인 주 예수 그리스도를 인하여 감사했다(고후 9:15). 그러므로 그는 범사에 감사하도록(골 3:15; 엡 5:20), 특별히 우리의 구할 것을 아뢰는 기도 중에 감사하도록(빌 4:6; 골 4:2) 권면할 수 있었다. 하나님의 많은 자비하심에 대해 감사할 줄 아는 마음은 실망의 비통함 속에서도 성령의 은혜로 부드러워질 수 있다.

하나님의 백성들은 항상 이런 체험을 해왔다. 다윗도 울 수 없을 정도로 깊은 실망과 실의를 겪었으나 "그의 하나님 여호와를 힘입고 용기를 얻었다"(삼상 30:6). 그는 이렇게 말할 수 있었다. "주의 폭포 소리에 깊은 바다가 서로 부르며 주의 파도와 물결이 나를 엄몰하도소이다 낮에는 여호와께서 그 인자함을 베푸시고 밤에는 그 찬송이 내게 있어 생명의 하나님께 기도하리로다"(시 42:7, 8). 하박국도 역시 전망이 먹구름처럼 어두워지고 처절한 절망 속에 쓸쓸함을 느끼면서도 감사함으로 승리의 높은 장소에 자신을 끌어올렸다. "비록 무화과나무가 무성치 못하며 포도나무에 열매가 없으며 감람나무에 소출이 없으며 밭에 식물이 없으며 우리에 양이 없으며 외양간에 소가 없을지라도 나는 여호와를 인하여 즐거워하며 나의 구원의 하나님을 인하여 기뻐하리로다 주 여호와는 나의 힘이시라 나의 발을 사슴과 같게 하사 나로 나의 높은 곳에 다니게 하시리로다"(합 3:17~19). 바울은 다른 사람 때문에 넘어질지라도 하나님께 감사하며 하나님과 동행할 수 있었다. 실망의 유혹이 올 때 감사해 보라.

확신이 실망을 치료한다. 바울은 실망스러운 환경 속에서도 그리스도 안에서 승리로 인도함을 받을 것이라는 확신을 가졌다. 모펫 번역에 보면 이렇게 되어 있다. "하나님께 감사하리로다 내가 어디를 가든 그는 나의 인생을 항상 그리스도 안에서 승리하게 하시고 나로 인하여 모든 곳에서 그리스도를 아는 지식의 향기를 풍기게 하시도다." 그는 광범위한 경험과 깊은 시련을 통해서 "모든 것이 협력하여 선을 이룬다"는 진리(롬 8:28)를 터득하여 보통 인간 이상의 수준에서 실망을 처리할 수 있었다.

인간적으로 외로울 때에도 꾸준히 그리스도에게 헌신할 수 있었다. "다 나를 버렸으나 … 주께서 내 곁에 서서 나를 강건케 하신다"(딤후 4:16, 17). 그는 약함과 궁핍함과 고통을 견딜 뿐만 아니라 오히려 자랑까지 하였다. 왜냐하면 그가 약할 때에 그리스도 안에서 강하며 그리스도의 은혜가 그에게 충만한 것을 배웠기 때문이다(고후 12:9, 10). 그는 하나님이 어떠한 환경에 처하게 하시든지 자족할 수 있었다. 그는 어떤 환경에서도 자족하는 법을 배웠기 때문이다. 그는 능력주시는 그리스도를 통해서 모든 것을 할 수 있었다(빌 4:11~13).

실망의 가시를 뽑아내고 실망을 신뢰로 바꾸어주는 확신을 가져본 적이 있는가? 요셉은 이렇게 말했다. "나를 이리로 보낸 자는 당신들이 아니요 하나님이시라"(창 45:8). 지극히 높으신 분이 요셉의 마음을 부드럽게 하셨기 때문에 그는 장자와 차자를 므낫세와 에브라임이라 하여 하나님께서 실망을 잊게 하심과 고통의 땅에서 번창케 하심을 기념했다(창 41:51~52).

바울은 요한 마가에게 실망했으나 후에 마가가 자기에게 유익한 것을 알았다(딤후 4:11). 주님도 베드로에게 실망하셨으나 베드로가 돌이켜 초대교인들을 붙들어줄 수 있도록 기도하셨다(눅 22:31, 32). 우리를 실망케 한 자들을 위해 믿음과 사랑으로 기도할 때 어떤 일이 일어날까? 그들이 주께로 돌아오고 우리의 마음이 부드러워지고 우리의 삶이 그리스도 안에서 승리의 개가를 부르지 않겠는가? "나의 당한 일이 도리어 복음의 진보가 되었다"고 말할 수 있었던 바울처럼 하나님의 약속을 확신하라(빌 1:12). 실망을 당할 때 하나님과 우리 동료에 대해 신뢰를 가져보라.

꾸준히 진행하는 것이 실망을 치료한다. 인생의 길가에 앉아 탄식하기보다 바울은 다른 곳으로 가서 봉사했다. 그의 사랑의 봉사를 요구하는 자들이 많았다. 그는 내주하시는 성령을 통해서 그들에게 그리스도의 말할 수 없이 아름다운 향기를 전할 수 있었다. 여기에 실망과 절망의 훈련이 있다. 일어나 남들을 돕고 돕는 태도와 행위 가운데서 그리스도 안에서의 승리의 환호성을 발견하는 것이다. 에스겔은 갑작스레 아내를 잃고 슬픔에 잠겼으나 곧 일어나 하나님의 백성들에게 예언의 말씀을 증거했다(겔 24:18). 호세아도 비통한 환멸에서 벗어나 이렇게 말했다. "우리가 여호와를 알자 힘써 여호와를 알자"(호 6:3). 주 예수님에 대해 이사야는 이렇게 예언했다. "그는 쇠하지 아니하며 낙담치 아니하신다"(사 42:4). 예수님에게 그의 친척 세례 요한이 참혹하게 처형되었다는 소식이 날아왔다. 물론 주님의 부드러운 가슴이 찢어졌을 것이나 한가하게 앉아 슬픔을 되씹을 여유가 없었다. 군중들을 돌아보아야 했기 때문이다. 가슴의 상처를 안고 곤핍한 자들을 먹이시고 치료하셨으며, 그러시면서 자신의 상처를 치료하셨다(막 6:29~44). 하나님과 함께 꾸준히 일하는 것이 실망을 치료한다.

"조금 있으면"이란 말이 실망을 치료한다. 실망 뒤에는 항상 기쁨이 있고 시련 뒤에는 승리가 있다. 고통 뒤에는 조금 있으면 기쁨이 있다. 성경은 분명히 이렇게 말하고 있다. "무릇 징계가 당시에는 즐거워보이지 않고 슬퍼보이나 후에 그로 말미암아 연달한 자에게는 의의 평강한 열매를 맺느니라"(히 12:11). 하나님의 엄한 말씀이 결코 최후의 통첩이 아니다. 역경이 결코 패배는 아니다. 또 한번 실패한다고 마지막에도 실패하는 것은 아니다. 실망해서 환멸에 빠질 필요는 없다. 디도가 드로아에 도착하지 않았다 해서 디도의 일이 중지된 것은 아니었다. 오히려 드로아에서보다 마게도냐에서 바울은 디도를 더 필요로 했던 것 같다. 하나님께 감사하며 걸어가는 봉사의 길에 더 큰 시련이 있을지 모른다. 확신과 용기를 가지고 걸어가다가도 시련에 빠질 수 있다. 그러나 시련은 큰 승리를 가져온다. 바울은 드로아에서 초조했지만 마게도냐에서 이렇게 말했다. "우리가 마게도냐에 이르렀을 때에도 우리 육체가 편치 못하고 사방으로 환난을 당하여 밖으로는 다툼이요 안으로는 두려움이라 그러나 비천한 자들을 위로하시는 하나님이 디도의 옴으로 우리를 위로하셨도다"(고후 7:5, 6).

결국 디도가 온 것이다. 바울이 생각할 때는 디도가 드로아로 와야 했었다. 그러나 사람이 알 수 없는 어떤 이유로 그는 오지 않았었다. 그것이 바울에게 실망의 요인이 되었으나 바울은 그로 인해 그리스도 안에서 항상 승리하는 삶을 배울 수 있었다. 이 교훈을 통해 그는 또 다른 교훈을 배웠다. 그 옛날 솔로몬이 말했듯이 "소망이 더디 이루게 되면 그것이 마음을 상하게 하나니 소원이 이루는 것은 곧 생명나무니라"(잠 13:12).

실망의 훈련을 받을 때 우리가 차원을 높여 그것을 헌신의 유익한 기회로 삼지 않는 한 우리는 그것 때문에 멸망할 수 있다. 고통에서 눈을 돌려 감사와 확신으로 그리스도 안에서 끝없는 승리를 추구하

라. 가슴이 아파도 자신과 남들을 치료할 수 있게 될 것이다.

　　사랑은 공격을 받을수록 더 강해진다
　　모든 것이 실패해도 사랑은 승리한다
　　사랑은 저주하는 자를 항상 축복한다
　　사랑은 악을 선으로 갚는다
　　사랑은 그 띠로 남들을 풀어준다
　　사랑은 그 상처에서 용서를 생산한다.

21

분별의 훈련

"오직 주의 뜻이 무엇인가 이해하라"(엡 5:17).

하나님의 필치

그는 우리 작은 눈으로는
볼 수 없을 정도로 큰 글자를 쓰신다
우리는 단편적인 획만을 보고
메마른 희망과 죽음과 삶
끝없는 전쟁과 쓸데없는 투쟁으로
엮어지는 그 모든 비밀을 헤아리려 한다
그러나 우리 눈엔 잘 안 보여도
보다 크고 밝은 눈으로 보면
그의 선명한 글자들을 보게 된다.

— 존 옥센함(John Oxenham) —

"오직 주의 뜻이 무엇인가 이해하라"(엡 5:17).

"하나님의 필치"란 시를 남긴 시인은 눈을 크게 뜨고 인생을 깊게 볼 수 있기 위해 심오한 기도를 드린 것이다. 우리 중 누구도 인생의 위기를 만나지 않을 수 없다. 위기를 당하지 않을 것이라 생각지 말고 위기를 영적인 시야로 끌어올려 직면할 줄 알아야 한다. 꾸준히 깊이 관찰하기 위해서는 그것이 전능자에게서 온 것인지 사단의 음모, 즉 어둠의 영에게서 온 파괴적인 것인지를 알아야 한다. 우리가 당하는 고난이 우리가 날마다 지고 가야 할 십자가인지(눅 9:23), 인간 영혼을 파괴시키는 악령의 저주인지(눅 13:16), 육체의 가시인지(고후 12:7), 악한 자가 쏜 화살인지(엡 6:16), 우리 가슴속을 파헤치는 수단인지(롬 8:27), 사단이 밀까부르듯 까부르는 것인지(눅 22:31), 신앙을 시험하는 시련인지(벧전 1:7), 거짓의 아비가 일시적으로 승리하는 것인지(마 13:19; 요 8:44)를 분별해야 한다.

성령께서 우리의 죄를 깨닫게 하시려고 주시는 고통인지(시 32:4), 하나님의 백성을 참소하는 참소자의 정죄인지(계 12:10; 딤전 3:6)를 분별해야 한다. 우리 앞에 막힌 길이 성령의 역사인지(행 16:6, 7), 악령의 방해인지(살전 2:18; 롬 15:22)를 분별해야 한다. 열려있는 듯한 문이 주님의 계획인지(고전 16:9; 계 3:8), 속이는 영의 술책인지(왕상 22:6, 22)를 분별해야 한다. 우리의 도움이 우리를 섬기는 천사들로부터 온 것인지(히 1:14), 우리를 흑암으로 인도하는 빛의 사자로 가장한 악령들로부터 온 것인지(고후 11:14)를 분별해야 한다. 주님 안에서 강력하게 전진해야 할 것인지(엡 6:10), 악령의 덫을 조심해야 할 것인지(시 91:3; 딤후 2:26)를 분별해야 한다. 하나님의 뜻으로 보이는 것에 복종해야 할지 악령의 술책을 거절해야 할지(약 4:7)를 분별해야 한다.

우리는 어떤 의미에서 선악을 분별하는 훈련을 받아야 한다(히 5:14). 영적으로 성숙해야 이런 것을 분별할 수 있다(히 5:11~14; 엡 4:14~16; 6:10~18; 빌 3:15~19). 신령한 것은 신령한 것으로 비교하여 분별해야 한다(고전 2:12~16). 영들을 분별하는 은사가 있는데(고전 12:10) 놀라운 것은 이 은사에 대해 별로 주의를 기울이지 않는다는 사실이다. 또한 진리의 영과 오류의 영, 하나님의 뜻과 사단의 뜻, 신앙의 시야와 광신의 착란, 삼위 하나님의 약속과 사단의 유혹을 분별하는 훈련도 있다.

하나님의 말씀에 진리와 오류, 빛과 어두움, 확신과 정죄, 십자가와 저주가 대조적으로 나타나 있다. 이런 것을 분별하는 기준이 있다. 신앙과 용기를 시험하는 불 같은 시련 속에서 그 시금석을 사용해 보라(벧전 1:6, 7; 4:12, 13).

바알세불은 우리의 실수에 대해 우리를 비난한다. 온유한 성령은 눈보다 더 희게 씻는 보혈을 소개해 주신다(사 1:18; 요일 1:9). 사단은 마틴 루터에게 그의 많은 허물들을 생각나게 했고 일람표로 작성하여 전시했다. "그게 전부냐?"고 루터가 물었다. "아니, 더 있다"고 사단이 조소하면서 더 많은 것을 제시했다. "그게 전부냐?"고 루터가 물었다. "그렇다. 어쩌겠다는 거냐?"고 사단이 대꾸했다. "그러면 그 일람표 밑에다가 '예수 그리스도의 피가 모든 죄를 씻는다'고 기록하라"고 루터가 말했다. 사단은 계속 죄를 가리켜 정죄한다. 성령은 더러운 죄를 그냥 넘겨버리지 아니하시면서도 죄를 해결하시는 주님을 계속 가리키신다. 범죄는 절망케 하나 고백은 해방을 준다(시 32:1~5).

사단은 자아와 육체적인 필요와 사회적인 지위와 자기 보존에 눈을 돌리게 한다(마 4:3, 8; 16:23). 성령은 자기를 부인하고 희생 봉사하는 길을 가리킨다(마 16:24~26). 멸망의 신은 우리가 원하고 우리가 마땅히 얻어야 하고 우리가 할 수 있고 우리가 얻을 권리가 있는 것을 따져서 얻어내도록 압력을 가한다. 보이지 아니하시는 성령님은 우리가 남을 위해서 할 수 있는 것과 우리가 희생할 수 있는 것을 보도록 인내의 길을 보이신다. 자기 연민은 우리를 우울케 한다. 자기 부인은 우리를 주님 안에서 강하게 한다. 자기 보존은 사소한 이권에도 과민하게 한다. 하나님의 뜻에 대한 완전한 굴복은 모든 환경에서 우리를 부드럽게 한다.

사단은 실수와 많은 과거를 들추어낸다. 성령은 주님의 도우시는 현재의 손길을 높이 보이신다(시 46:1). 악한 자는 우리의 약점을 쥐고서 우리를 조롱하기를 즐긴다. 주님은 그의 은혜의 풍성함을 기억하게 하신다. 정죄는 우리의 실패와 관련된 것이고 확신은 하나님의 신실하심과 관계된 것이다. 사단은 어떤 희생을 치루고라도 당장 유익한 것을 얻도록 유혹한다. 주님은 영원한 유익을 얻게 하시며 번연의 "해석자의 집"에서 고난과 인내를 기억하게 하신다. 거짓의 아비는 우리의 문제를 확대시켜 절망과 고통에 사로잡히게 하고 모든 은혜의 하나님은 약속들을 깨닫게 하사 바랄 수 없는 중에도 바라게 하신다. "환난은 인내를 인내는 연단을 연단은 소망을 이루며 소망은 부끄럽게 하지 않는다"(롬 5:3~5). 이리하여 고통이 유익함을 알게 된다.

빛의 사자로 가장한 사단은 보이는 세상의 지혜로 처신하게 만든다. 시편 1:1의 "악인의 꾀"가 바로 그것이다. 처음부터 마지막을 보시는 생명의 주님은 우리로 하여금 신앙으로 걷게 하사(고후 5:7) 하나님 아버지를 기쁘시게 하신다(히 11:6). 사단은 우리를 섬기는 수많은 천사들이 포위하고 있는 것을 보지 못하게 하고 악한 군대만을 보게 한다(왕하 6:15~17). 사단은 우리가 남에게 입은 피해만을 생각하게 하여 뒤에 있는 일을 잊어버리고 앞에 있는 일을 바라보며 전진하지 못하도록 한다(빌 3:13, 14). "아버지여 저들을 용서하소서"하신 주님의 정신으로 봉사하지 못하도록 한다. 패배한 사단은 못과 가시만을 느끼게 한다. 승리하신 주님은 갈보리의 승리를 보게 하신다.

분별의 훈련은 우리가 유혹자의 분노 앞에 넘어지지 않기 위해 하나님의 계시의 말씀을 붙들어야 할 것을 가르친다. 우리 구원의 대장되신 주님께서 "기록되었으되"란 명백한 말씀으로 사단을 물리치셨듯이 우리는 동일한 방법으로 사단의 간교와 이기주의와 궤변을 물리쳐야 한다(마 4:4, 7, 10). 우리는 또한 하나님의 말씀으로 살아야 하며 우리 주 하나님을 시험치 말아야 하며 하나님만 경배해야 한다. 우리가 우리의 길을 주님께 맡기고 의지하면 그의 뜻을 이루신다는 것을 믿어야 한다(시 37:5). 그가 우리에게 그의 뜻을 아는 지식으로 채워주심을 믿어야 하고(골 1:9). 또한 그가 우리를 사단의 길로부터 보호하심을 믿어야 한다. "서방에서 여호와의 이름을 두려워하겠고 해돋는 편에서 그의 영광을 두려워할 것은 여호와께서 그 기운에 몰려 급히 흐르는 하수같이 오실 것임이로다"(사 59:19). 우리가 미련없이 하나님께 굴복하고 사단을 대적하면 사단은 우리를 피해 도망갈 것이다(약 4:7).

말씀과 성령과 믿음과 하나님의 뜻에 대한 복종과 자아와 죄에 대한 유혹을 거절함으로써 우리는 하나님의 길과 사단의 길을 분별하게 된다.

22

불만의 훈련

"백성이 여호와의 들으시기에 악한 말로 원망하매 여호와께서 들으시고 진노하사"(민 11:1).

보이지 않는 친구

오 거룩하신 구주 보이지 않는 친구시여
주님 팔에 안기라 명령하시니
인생의 우여곡절 속에서
주님께 매달리는 믿음 주소서.

세상이 나를 속이고
세상의 친구들과 희망이 사라져도
불평없이 사랑과 인내로
주님께 매달리기 원합니다.

때로 홀로 걷는 것 같아도
인생의 황야길에 가시덤불 덮여도
주님의 사랑의 음성 부드러운 목소리
"내게 매달리라" 속삭이도다.

믿음과 희망이 시련을 당해도
난 아무 다른 것을 요구하지 않도다
다만 주님께 매달리는 영혼
평안하고 고요하고 만족하도다.

— 샬롯 엘리오트(Charlotte Elliott) —

> "백성이 여호와의 들으시기에 악한 말로 원망하매
> 여호와께서 들으시고 진노하사"(민 11:1).

번연은 "굴욕의 골짜기"에서 목동 묘사를 통해 만족을 잘 묘사하였다. "그들이 말을 주고받으며 걷고 있는데 저쪽에서 목동이 자기 아버지의 양떼를 먹이는 장면이 눈에 들어왔다. 목동은 아주 초라한 옷을 입고 있었다. 그러나 얼굴은 밝고 신선해 보였다. 목동은 혼자 앉아서 노래부르고 있었다. 대심 씨(Mr. Great-Heart)가 '쉬, 저 목동의 노래를 좀 들어봅시다'라고 제의해서 그들은 목동의 노래를 듣게 되었다.

> 아래에 있는 사람은 떨어질 염려가 없고
> 낮은 사람은 교만하지 않도다
> 겸손한 사람은 하나님의 지도를
> 항상 받고 살도다.
>
> 나는 내 가진 것으로 만족하도다
> 가진 게 많든 적든
> 주님, 주님께서 이런 자를 구원하시니
> 나는 흡족합니다.
>
> 순례길의 이 짐도
> 아무리 무거워도

잠시 지나면 축복을 받으리니
영원토록 행복하리라!

목동의 노래를 듣던 그들은 안내자에게 이렇게 말했다. '목동의 얘기 들었소? 저 목동이야말로 누구보다 즐거운 생활을 하고 있소. 비단옷을 입은 것보다 가슴속의 평안이라는 풀옷을 입고 있구려.'"

"지족하는 마음이 있으면 경건이 큰 이익이 되느니라"(딤전 6:6). 이것은 영혼의 건전한 태도에 대한 하나님의 해석이다. 성경은 불만의 위험에 대해서도 강조하고 있다. 만족이 없는 경건은 큰 손해라고 할 수 있을 것이다.

불만은 하나님이 함께하신다는 약속을 무시하는 마음이다. 이스라엘 백성들은 광야 여행에서 낮에는 구름기둥, 밤에는 불기둥의 인도함을 받았고(출 13:21, 22), 적들로부터 보호함을 받았으며(14:19, 20), 어디에 머물며 어디로 가야 하는지 지시를 받았다(민 9:15~23). 이것은 언약의 하나님께서 보이는 모습으로 함께하신다는 확실한 표시였다. 그들은 밤낮 회막 위의 기둥을 바라보며 하나님의 임재와 하나님이 그들의 앞서가심과 적들로부터 보호하시는 하나님의 도우심을 확인했다. 하나님은 모세에게 강한 약속을 주셨다. "내가 친히 가리라 내가 너로 편케 하리라"(출 33:14). 먼 광야 여행을 하는 동안 모세는 "보이지 아니하는 자를 보는 것같이 하여 참았다"(히 11:27). 하나님이 함께하셨음에도 불구하고 백성들은 불평했다(민 11:1). "애굽에서 큰 일을 행하신 그 구원자 하나님을 저희가 잊었다"(시 106:21).

신약시대에도 주님께서 자기 백성들과 보이는 형태로 함께하셨다. 또한 다음과 같이 강하고 확실한 약속으로 함께하시겠다고 말씀하셨다. "하늘과 땅의 모든 권세를 내게 주셨으니 … . 볼지어다 내가 세상 끝날까지 너희와 항상 함께 있으리라"(마 28:18, 20). 이 말씀은 성령으로 함께하시겠다는 약속인데 다락방에서 제자들에게 이미 설명하신 바가 있는 교훈이다. "너희가 나를 사랑하면 나의 계명을 지키리라 내가 아버지께 구하겠으니 그가 또 다른 보혜사를 너희에게 주사 영원토록 너희와 함께 있게 하시리니 저는 진리의 영이라 세상은 능히 저를 받지 못하나니 이는 저를 보지도 못하고 알지도 못함이라 그러나 너희는 저를 아나니 저는 너희와 함께 거하심이요 또 너희 속에 계시겠음이라"(요 14:15~17). 주님께서 놀랍고 아름답고 은혜롭게 성령으로 우리와 함께하신다. 그러나 우리가 불만을 품고 있을 때는 이 사실을 무시하고 산다.

불만은 하나님의 약속들을 멸시한다. 이스라엘 자손들이 하나님의 강한 손에 의해 쇠풀무 애굽에서 아브라함과 이삭과 야곱에게 약속하신 가나안 땅으로 가기 위해 인도하심을 받았다(출 13:3~5). 그러나 그들이 불만에 사로잡혔을 때 그 아름다운 땅을 멸시했다(시 106:24). 또한 그들은 애굽의 "생선과 외와 수박과 부추와 파와 마늘들"을 그리워했다(민 11:5). 불평이 생기니까 젖과 꿀이 흐르는 가나안 땅의 자유보다 압박의 땅 애굽에서의 파와 마늘을 더 좋아하게 된 것이다.

불만을 품으면 주님의 약속들만 멸시할 뿐 아니라 주님이 현재 우리와 함께 계심과 미래의 우리를 돌아보실 것까지 멸시하게 된다. 주님은 "너희는 마음에 근심하지 말라 … 내 아버지 집에 거할 곳이 많도다"라고 말씀하셨지만 불만이 있으면 이 말씀을 무시하게 된다(요 14:1, 2). 베드로가 다른 제자들의 대변인으로서 "보소서 우리가 모든 것을 버리고 주를 좇았나이다"라고 했을 때 주님은 이렇게 대답하셨다. "내가 진실로 너희에게 이르노니 하나님의 나라를 위하여 집이나 아내나 형제나 부모나 자녀를 버린 자는 금세에 있어 여러 배를 받고 내세에 영생을 받지 못할 자가 없느니라"(눅 18:29~30). 현세와 내세를 위한 얼마나 확실한 약속인가!

불만은 하나님의 공급을 무시한다. 이스라엘 자손들에게 매일매일 "만나"라는 일용할 양식이 공급되어 누구나 흡족히 먹을 수 있었다

(출 16:4, 14~18). 굶주린 자들에게 만나는 "깟씨 같고도 희고 맛은 꿀 섞은 과자" 같았고(출 16:31), 그들은 감사히 받아 먹었다. 그러나 불평하고 원망할 때는 똑같은 만나가 박한 식물로 보였다. "이제는 우리 정력이 쇠약하되 이 만나 외에는 보이는 것이 아무것도 없도다"(민 11:6). 불평할 때는 만나 맛이 "기름 섞은 과자 맛" 같았다고 했다(8절). 감사할 때는 꿀 맛 같던 만나가 불평할 때는 기름 섞은 과자 맛 정도로 떨어진 것이다.

태도 여하에 따라 만나 맛이 달라졌다는 것이 우리에게는 생소하게 느껴질지 모른다. 그러나 하나님의 말씀에 대한 우리의 태도를 생각해 보면 금방 알 수 있다. 하나님의 말씀이 달고도 달 때가 있는가 하면 불평할 때는 모래알 씹는 것처럼 텁텁하게 느껴진다. 우리의 태도에 따라 하나님의 말씀이 꿀같이 값지거나 기름같이 값싼 것이 될 수 있다. 말씀이 없으면 우리는 얼마나 약하고 불행한가. 말씀이 있으면 얼마나 강하고 담대한가. "지족하는 마음이 있으면" 경건에 큰 유익이 된다.

이스라엘 자손들은 하나님의 공급을 무시할 뿐만 아니라 한걸음 더 나아가 파괴적인 것을 사모했다. 하나님은 그들의 경험을 이렇게 평가했다. "저희가 미구에 그 행사를 잊어버리며 그 가르침을 기다리지 아니하고 광야에서 욕심을 크게 발하며 사막에서 하나님을 시험하였도다 여호와께서 저희의 요구한 것을 주셨을지라도 그 영혼을 파리하게 하셨도다"(시 106:13~15). 욕망을 채우고도 불만이 차니까 스스로 멸망하는 길밖에 없었다. 불만이 계속되고 욕망을 고집하면 영혼이 파리해지는데 하나님께서 우리를 이런 상태에서 구원해 주시기를 바란다.

불만은 하나님을 불쾌하게 만든다(민 11:1). 억압의 땅 애굽에서 풀려나 구름기둥과 불기둥으로 인도하심을 받고 날마다 만나를 공급받고서도 하나님을 불쾌하게 하는 이스라엘 백성을 상상해 보라. 주님께서는 "그 종의 형통을 기뻐하시며"(시 35:27) 그 종들에게 항상 선을 행하시기를 좋아하신다. "저가 사모하는 영혼을 만족케 하시며 주린 영혼에게 좋은 것으로 채워주심이로다"(시 107:9). 주님을 믿지 아니함으로 주님을 섭섭하게 할 수 있다. "믿음이 없이는 기쁘시게 못하나니 하나님께 나아가는 자는 반드시 그가 계신 것과 또한 그가 자기를 찾는 자들에게 상 주시는 이심을 믿어야 할지니라"(히 11:6). 이스라엘 백성들에 대해서는 성경이 이렇게 말하고 있다. "저희가 낙토를 멸시하며 그 말씀을 믿지 아니하고 저희 장막에서 원망하며 여호와의 말씀을 청종치 하니하였도다"(시 106:24, 25). 불신앙은 주님을 불쾌하게 하며 원망은 주님의 음성을 듣는 귀를 둔하게 한다.

나사렛 사람들에 대해 주 예수님은 "그들의 믿지 아니함을 인하여 놀라셨다"고 되어 있다(막 6:6). 그들은 주님의 젊은 시절을 보았고 그의 지혜와 능력을 들었다(6:1). 그러나 그들은 그를 멸시하며 "이 사람이 목수가 아닌가"라고 했다(3절). 이런 태도에 대해 주님은 이렇게 말씀하셨다. "선지자가 자기 고향과 자기 친척과 자기 집 외에서는 존경을 받지 않음이 없느니라"(4절). 그들의 불신앙 때문에 주님은 그들을 위한 긍휼의 기적을 베푸실 수 없었다. 광야에서 원망하던 이스라엘 백성들도 역시 마찬가지였다. 주님의 임재와 약속과 공급을 받고 있는 우리는 어떤가?

불만은 우리의 타락한 속성이다. 그러나 만족은 신앙생활의 특징이다. 바울은 이렇게 증거했다. "내가 궁핍하므로 말하는 것이 아니라 어떠한 형편에든지 내가 자족하기를 배웠노니 내가 비천에 처할 줄도 알고 풍부에 처할 줄도 알아 모든 일에 배부르며 배고픔과 풍부와 궁핍에도 일체의 비결을 배웠노라 내게 능력 주시는 자 안에서 내가 모든 것을 할 수 있느니라"(빌 4:11~13). 배우고 가르침을 받아 그리스도 안에서 모든 것을 할 수 있게 되는 것—이것이 자족할 줄 알게 되는 과정이다. 바울은 인생의 석양에 "우리가 먹을 것과 입을 것이 있은즉 족한 줄로 알 것이니라"고 했다(딤전 6:8).

  만족의 훈련이란 불평하는 마음과 원망하는 마음과 하나님을 불쾌하게 하는 태도로부터 돌이켜 감사하는 마음과 양약과 같은 즐거운 마음과(잠 17:22) 전능하신 이를 기쁘시게 해드리는 믿음과 찬양을 갖게 되는 훈련이다. "돈을 사랑치 말고 있는 바를 족한 줄로 알라 그가 친히 말씀하시기를 내가 과연 너희를 버리지 아니하고 과연 너희를 떠나지 아니하리라 하셨느니라 그러므로 우리가 담대히 가로되 주는 나를 돕는 자시니 내가 무서워 아니하겠노라 사람이 내게 어찌 하리요 하노라"(히 13:5, 6).

> 이 죄악의 어두운 세상에
> 평화, 완전한 평화가 있는가?
> 예수의 보혈이 마음에 평화가 있노라고 속삭인다.
>
> 이 슬픔이 가득한 세상에
> 평화, 완전한 평화가 있는가?
> 예수님 품에 안기면 진정 평온이 있도다.
>
> 사랑하는 자들이 멀리 떨어져 있는데
> 평화, 완전한 평화가 있는가?
> 예수님이 보호하사 우리도 안전,
> 그들도 안전하도다.
>
>   — 에드워드 비커스테스(Edward H. Bickersteth) —

23

멸시의 훈련

"이 사람이 목수가 아니냐"(막 6:3).

침묵

굽히고 숙여져
무방비상태
벗겨지고 경악해
또 붙잡혀
하나님의 지선(至善)
자연의 최악
하나님의 안식
갈한 목을 축이며
깨어지지 않은
깊은 평화
끊어지지 않는
조용한 맥박

하나님에게 붙잡혀
영혼은 드디어
전쟁이 끝났음을
발견하도다
………………

잠잠하고 조용하게
하나님의 보호를 받고
하나님의 뜻으로
다듬고 연결되니
모든 것이 조용하도다.

"이 사람이 목수가 아니냐"(막 6:3).

　이 짧은 한마디 말속에 날카로운 비판이 들어있는 것은 아니다. 주님의 동향인들이 그를 목수라고 했을 때 칭찬하는 의미도 아니었다. 그것은 그를 멸시하고 천대하는 말이었다. 그들은 그를 목수로 알고 있었다. "어디서 이런 것을 얻었느뇨 이 사람의 받은 지혜와 그 손으로 이루어지는 이런 권능이 어찌됨이뇨"(막 6:2). 이것이 그들이 던진 질문이었다. 목수 주제에!
　멸시의 훈련은 영혼을 파고들어 성미를 건드리는 훈련이다. 음모나 풍자나 암시 같은 것은 그런 대로 견딜 만하지만 독설은 견디기 힘들다. 우리는 모욕을 당하면 움찔하고 넘어가지만 멸시받을 때는 싸우려 덤벼든다. 다윗이나 주 예수 그리스도께서 멸시의 훈련을 잘 견뎌내셨다. 다윗은 여러 차례 멸시의 훈련을 받았다. 그때마다 똑같은 반응을 보인 것은 아니었다. 그가 반응을 달리 보인 것은 아마도 경우에 따라, 혹은 관련된 사람들에 따라, 혹은 그가 그것을 당한 연령에 따라 설명될 수 있을 것이다. 우리도 다윗처럼 따가운 멸시를 받을 때에 심장이 뒤집어지겠지만 그리스도의 여유와 침묵을 보여줄 기회로 삼아야 한다.
　다윗은 거장 골리앗의 멸시에 대해서는 도전적으로 덤벼들었다(삼상 17:41~46). 그는 양을 지키는 외로운 목동으로서 사자와 곰과 더불어 투쟁을 해왔었다. 그는 초라한 목동으로서 아무에게도 알려져 있지 않았고 관리해야 할 인기나 얻어내야 할 보상이 없었다.

"그 블레셋 사람이 둘러보다가 다윗을 보고 업신여기니 이는 그가 젊고 붉고 용모가 아름다움이라"(삼상 17:42). 홍안의 소년이 장군과 싸우겠다고! 지팡이와 물맷돌을 든 목동이! 시냇가에서 물맷돌 다섯 개를 주머니 속에 넣어온 이새의 어린 아들이! 수염도 나지 않은 맨발의 소년이 가장 힘센 적장과 싸우겠다니! 골리앗이 "네가 나를 개로 여기고 막대기를 가지고 내게 나아왔느냐"고 콧방귀를 뀔 만했다(43절).

다윗은 이 조롱에 대해 자신의 이권이나 모욕받았다는 감정보다는 하나님에 대한 모독으로 보고 하나님을 의지하는 마음으로 강하게 응전했다. "너는 칼과 창과 단창으로 내게 오거니와 나는 만군의 여호와의 이름 곧 네가 모욕하는 이스라엘 군대의 하나님의 이름으로 네게 가노라"(45절). 다윗은 적장의 사나운 모습에 대한 두려움이나 저주에 대한 관심이나 모독에 대한 관심을 가진 것은 아니었다. 다윗은 직감적으로 우리가 흔히 어릴 때 들은 속담을 생각했을 것이다. "막대기와 돌은 내 뼈를 꺾을 수 있으나 말은 결코 나를 상하게 할 수 없다." 다윗은 멸시받는 것에 대해서 개의치 않았고 자기를 변호할 마음이 없었고 다만 하나님의 도우심만을 의존할 뿐이었다. 이것이 멸시의 훈련이다. 다윗은 마침내 골리앗의 머리를 베어가지고 왔다. 하나님을 의지하고 비틀거리는 적장의 칼을 뽑아 그를 쳐 죽임으로써 이스라엘에 승리를 안겨다 주었다. 멸시의 훈련을 견디는 자는 존경을 받게 된다.

다윗은 나발의 냉소적인 멸시에 거의 넘어질 뻔했다(삼상 25:2~13). 귀족 나발은 거만하게 "다윗은 누구며 이새의 아들은 누구뇨 근일에 각기 주인에게서 억지로 떠나는 종이 많도다"라고 했다(10절). 호의를 베풀며 방패가 되어준 다윗을 나발은 도망쳐 나온 종이나 탈영병 정도로 멸시한 것이다. 다윗은 정의의 심판을 받아야 하고 당연히 쫓겨다녀야 한다는 식으로 멸시를 받은 것이다. 하나님의 기름부음을 받은 자가 무명한 도망자로 취급받은 것이다.

다윗은 한동안 제정신을 잃고 있었다. 나발은 종들의 보호를 받으면서 양털을 깎고 있었는데 그것은 오늘날 쿠폰을 잘라 수입을 계산하는 것과 같은 것이었다. 나발은 자기 양떼를 지켜준 다윗을 비난한 것이다. 다윗이 생각할 때 이런 배은망덕한 사람을 다스리는 길은 하나밖에 없다고 생각했다. "너희는 각기 칼을 차라"(13절). 사울의 엉뚱한 시기를 받으면서도 참고 골리앗의 모독적인 저주도 참았던 다윗이 늙은 목축업자 나발의 조소를 견딜 수가 없었던 것이다. 다윗이 누구냐는 말에 그는 시퍼런 칼을 뽑아 복수할 마음이 불타올랐다.

그러나 긍휼에 풍성하신 하나님이 아비가일을 통하여 불타는 다윗의 복수심을 억제시키셨다(23~31절). 아비가일은 질풍같이 질주하는 다윗의 복수단을 서둘러 막았다. 조소를 받고 펄쩍 뛰는 다윗의 마음을 누그려뜨렸다. 그 못난이를 생각지 마시고(25절) 어떤 허물이라도 용서하시고(28절) 주님의 종으로서 주님 섬기는 봉사에만 전념하시고(28절) 과거에도 참았듯이 이번에도 인내하시면 하나님의 계획이 이루어질 날이 오게 되며 그 날에는 이 일이 슬픔이나 상처가 되지 않을 것이라는 아비가일의 말에 다윗의 분노는 누그러졌다. 이것이 멸시의 훈련이다.

피해를 당하고 모욕을 당해 불 같은 분노가 솟구칠 때 어리석은 자의 어리석음을 갚는 것은 어리석은 일이다. 우리도 똑같은 사람이 되기 때문이다(잠 26:4). 어리석은 자는 지나가고 그 어리석음도 사라지며 그 조소도 잊혀지게 마련이다. 멸시를 개의치 말고 자신의 일에 충실함으로써 우리는 자신을 극복하고 미래를 준비하는 것이다. 다윗의 아들 솔로몬은 이렇게 말했다. "노하기를 더디하는 자는 용사보다 낫고 자기의 마음을 다스리는 자는 성을 빼앗는 자보다 나으니라"(잠 16:32). 멸시 앞에 넘어지는 것은 우리를 파멸시키는 것이요, 참아 견디는 것은 우리에게 기쁨을 준다.

다윗은 미갈의 멸시도 당했다(삼하 6:20~23). 그날은 유달리 즐거운 날이었다. 노래와 제사와 함성과 나팔소리 그리고 백성들에게 선물을 나눠주고 무엇보다 하나님의 법궤가 다윗 성으로 입성하는 날이었다. "다윗은 자기의 가족에게 축복하러 돌아왔다"(20절). 만면에 웃음을 띠고 기쁘게 돌아왔을 것이다. 그날의 축복을 가족들과 나누고 싶었을 것이다. 어쩌면 그가 주책없이 너무 기뻐했는지도 모른다. 절제할 필요도 있었을지 모른다. 그렇다면 미갈이 얼굴에 미소를 띠고 친절한 말 한마디만 귀뜸해 주면 되었을 것이다. 하나님께 감사하는 표정만 보였더라도 다윗의 마음이 기뻤을 것이다. 그러나 미갈은 너무도 저열하게 다윗을 놀리기를 "이스라엘 왕이 오늘날 어떻게 영화로우신지!"하고 핀잔을 주었다(20절).

　골리앗이 "나를 개로 아느냐"고 조롱한 것이나 나발이 "다윗이 누구냐"고 냉소한 것이나 다를 바 없는 미갈의 조롱이었다. 그러나 이번에 다윗은 마음에 더 깊은 상처를 입었다. 가족이 주는 상처, 형제가 쏘는 화살, 자매가 던지는 비웃음, 아내가 쏘아대는 비방보다 더 아픔을 주는 것은 없다. 누구보다도 미갈로부터 동정과 안식과 확신과 사랑을 받고 싶은 것이 다윗의 마음이었다. 미갈은 "온유하고 안정한 심령의 썩지 아니할 것으로" 다윗을 격려해야만 했다(벧전 3:4). 그것이 하나님 앞에 값진 것이었다. 미갈은 오히려 철저한 냉소와 싸늘한 조롱을 던졌다. 다윗이 바로 그날 성령의 감동으로 시편 105편의 일부(대하 16:7)를 읊으며 하나님의 능하신 사적과 그의 거룩하신 이름과 아브라함과의 언약과 이스라엘을 지도하신 것과 하나님의 거룩을 찬양했지만, 미갈의 멸시 앞에 다윗의 심정은 여지없이 꺾이고 말았다. "여호와께 감사하라 그는 선하시며 그 인자하심이 영원하시도다"(대상 16:34)고 노래하는 다윗을 미갈은 집에서 속으로 멸시했으니(15:29) 다윗이 어떠했겠는가?

　멸시와 조롱, 모독의 쏘는 살 — 이 얼마나 심한 훈련인가. 멸시의 뜨거움 앞에 쓰러지면 절망이지만 찢어지고 상처난 가슴을 부여잡고 전진하면 부드러운 마음의 소유자가 되는 것이다. 다윗이 자기를 멸시하는 미갈에게 여호와 앞에서 행한 것이라고 말했을 때(삼하 6:21) 그 말의 어조가 어떠했을까? 아마 분노가 섞여 있었는지도 모른다. 그러나 그것보다는 만사를 하나님께 맡기는 상처난 가슴이 그 말에 서려 있었을 것이다.

다윗보다 위대하신 다윗의 후손 주 예수 그리스도께서는 멸시의 훈련을 누구보다도 더 잘 아셨다. 주님보다 더 부드러운 가슴이나 남을 돌보는 손길을 가진 자가 있겠는가? 가는 곳마다 모든 사람에게 선을 베푸셨고 긍휼을 베푸시며 고향 나사렛에 이르셨다(막 6:1~6). 고향에서도 역시 지혜의 말씀과 신유의 손길로 사람들을 돕고자 하셨다. 그러나 고향 사람들은 그를 짐스럽게 생각하고 그의 말을 듣지 않았다(3절). 동향인들의 멸시는 "이 사람이 목수가 아닌가"하는 따가운 질문 속에 다 들어 있었다(3절). 그들은 주님을 그리스도로 보지 않고 목수로 보았다. 구주로 보지 않고 요셉의 아들로 보았다. 주님께서 잘 아시며 사랑하시는 동향인들과 친척들이 도움을 거절하고 멸시했을 때 주님의 상처가 얼마나 깊었겠는가?

"내가 개냐?"

"다윗이 누구냐?"

"이 사람이 목수가 아니냐?"

이것은 동서고금을 막론하고 멸시와 천대의 대표적인 질문이다. 모욕을 이겨내고 주님의 발자취를 따라가지 않는 한 멸시는 우리에게 피해를 주고 우리를 멸망의 길로 인도한다. 주님은 동향인들의 멸시를 부드러운 마음으로 받으셨다. "선지자가 자기 고향과 자기 친척과 자기 집 외에서는 존경을 받지 않음이 없느니라"(4절). 책망이나 냉소 대신에 친절과 여유로 대하신 것이다. 그는 거기서 동향인들의 적대감정 앞에서 능력을 행하실 수 없었다(5절). 그는 그들의 불신앙을 보고 놀라셨다. 그는 다른 곳으로 가셨다(6절). 배고프고 불쌍하고 상처받은 자들이 다른 마을에 많이 있었기 때문이다.

　이것이 멸시의 훈련을 이겨나가는 길이다. 거친 대답이나 자기 변명이나 악을 악으로 갚는 것은 금물이다. 오히려 부드럽고 양순하고 선량하게 도전을 받으며 목수이신 우리 스승님의 참 제자들로서 그를 본받아야 할 것이다.

24

질병의 훈련

"이 병은 죽을 병이 아니라"(요 11:4).

병원에서

생각도 염려도 없이 잠들기 위해
몸을 눕혔다
잠을 깨면 어디 있을지 알지도 못한 채.

사람의 품에 기댄 채 쉬기에는 너무 기뻐
무거운 머리를 숙였다.

내 오른손이 이젠 교활한 동작을 잊고 있다
알지도 못하는 피곤한 행진을 하기 위해.

열정도 담력도 힘도 없다―다 지나간 일들
아무 일도 하기 싫다, 마침내! 마침내!

하루 일을 절반 끝내고
인내의 하나님께 피곤한 가슴을 맡긴다.

색깔이 다 바랬지만 여전히 그의 깃발을 붙들고 있다
성조기의 가로무늬와 별들이 주님을 따르고 있다.

― 메리 울씨 하우랜드(Mary Woolsey Howland) ―

"이 병은 죽을 병이 아니라"(요 11:4).

　진흙으로 빚어진 연약한 인간들은 육신의 모든 두려움과 연약함을 짊어지고 있다. 질병도 그중의 하나이다. 펄펄 날 정도로 건강할 때 건강을 주신 분에 대해 별로 감사하는 마음이나 건강이 얼마나 귀한가 하는 생각도 없이 지낸다. 병이 들어 우리의 기력이 약해질 때에야 비로소, 기쁨이 슬픔으로 바뀌고 노래가 신음으로 바뀌고 낮은 외롭고 밤은 길고 기력은 밀려가고 눈물이 몰려올 때에야 비로소 질병의 훈련에 접하게 된다.
　아마 끊임없는 고통과 점점 쇠약해지는 몸을 보고는 질병 훈련의 깊이를 잴 수가 없을 것이다. 오히려 왜 이렇게 아파야 하는가 하는 끝없는 질문 속에서 우리는 질병 훈련의 깊이를 잴 수 있다. 내가 잘못해서 이 고통을 겪는 것인가? 고통이 내 죄악의 결과인가? 하나님이 더 이상 나를 사랑하시지 않는 것이 아닌가?
　질병은 우리가 지은 죄의 결과일 수 있다. 베데스다 연못가에서 38년 된 병자가 치유를 받았을 때 주님은 이렇게 말씀하셨다. "네가 나았으니 더 심한 것이 생기지 않게 다시는 죄를 범치 말라"(요 5:14). 그 질병이 어떤 것이었는지 잘 모르지만 그것이 그의 죄 때문에 온 것이라는 사실을 주님의 말씀에서 생각할 수 있다. 미리암도 역시 모세를 원망하다가 "문둥병이 들어 눈과 같이 희게 되었다"(민 12:10). 주인 엘리사의 명백한 뜻을 알고서도 나아만의 선물을 탐내서 취한 게하시는 문둥이가 되어 눈처럼 희게 되었다(왕하 5:27).

아사 왕은 젊은 날 하나님의 큰 도우심을 받았으나(14:15), 말년에 자신의 부를 의지하고 선지자의 책망을 거절하다가 "왕이 된 지 39년에 그 발이 병들어 심히 중하나 병이 있을 때에 저가 여호와께 구하지 아니하고 의원들에게 구하였더라"는 말씀이 보여주듯이 병이 들었다(대하 16:12). 여로보암 왕도 "여호와 보시기에 악을 행하여"(대하 21:6) 엘리야에게 이런 경고를 받았다. "여호와가 네 백성과 네 자녀와 네 아내들과 네 모든 재물을 큰 재앙으로 치리라 또 너는 창자에 중병이 들고 그 병이 날로 중하여 창자가 빠져 나오리라 하셨다"(대하 21:14, 15). "소자야 네 죄사함을 받았느니라"(막 2:5)고 주님이 중풍병자에게 말씀하셨는데 여기서도 질병과 죄의 관련을 찾을 수 있지 않을까.

그러나 질병이 반드시 죄의 결과만은 아니다. 우리는 어떤 사람이 아프면 죄 때문에 질병에 걸렸다는 식으로 속단을 내린다. 환자의 친구들이나 비판자들이 얼마나 불의하게 속단을 내렸으며 얼마나 큰 고통을 가했고 큰 슬픔을 자아냈던가. 간접 혹은 직접적으로 질병은 하나님의 알려진 뜻에 대한 불순종에서 오는 것이라고 생각하는 경향이 있다. 나면서부터 소경된 사람을 보고 제자들도 우리와 똑같은 심정으로 다음과 같이 질문했다. "랍비여 이 사람이 소경으로 난 것이 뉘 죄로 인함이오니이까 자기오니이까 그 부모오니이까"(요 9:2).

질병의 원인에 대한 이처럼 부당하고 비기독교적인 판단이 특히 부모들과 자녀들의 경우에 잔인하게 내려진다. 꼬마들이 신체적으로나 정신적으로 상하면 친구들이나 이웃들은 무슨 짐작이라도 간 듯 서로 고개를 흔들며 이런 말을 주고 받는다. "저 애가 저렇게 된 데는 분명한 이유가 있을 거야. 저 집에 무언가 잘못된 것이 있어!"

이런 식의 은근한 비판은 친절하지 못한 정도가 아니라 잔인한 것이다. 주 예수 그리스도의 말씀에 의하면 오래 전에 그런 비판이 사라졌어야 했겠지만 아직도 그렇지 않은 것 같다. 아직도 우리는 모든 질병은 특별한 죄의 결과라는 것을 믿고 있다. 그러나 주님의 말씀을 들어보라. "이 사람이나 그 부모가 죄를 범한 것이 아니라 그에게서 하나님의 하시는 일을 나타내고자 하심이니라."

아픈 자식을 두고 있는 부모들에 대해 우리는 주님처럼 불쌍히 여길 줄을 알아야 한다. 그런 고통을 허용하신 하나님의 깊은 지혜와 긍휼을 다 헤아릴 수 없다. 우리는 괴로워하는 부모님들 앞에서 동정심을 가지고 기도하여 그들을 격려하고 붙들어주어야 한다. 죄 때문에 그런 슬픔을 겪는 것이 아니기 때문이다.

그러나 이 질병의 훈련을 터득하기는 얼마나 힘든지 모른다. 우리의 사랑하는 가족들이 아플 때 다른 사람들의 잔인하고 비기독교적인 비판을 참아내는 훈련이 얼마나 힘든가. 한편으로 하나님의 영광을 나타내기 위한 질병도 있다는 주님의 말씀을 믿을 때 얼마나 위로가 되는가. 우리 주님은 소경을 불쌍히 여기실지언정 그 부모들에 대해 따가운 질문을 던지시지 않았다. 우리가 그리스도처럼 동정과 사랑의 태도를 취하게 될 때 다른 사람들이 얼마나 위로를 받겠는가.

질병은 우리가 범죄하거나 부주의해서 생길 수도 있지만 반드시 그런 것만은 아니다. 질병을 통해 하나님의 일을 나타내는 경우도 있고 하나님의 영광을 나타내는 경우도 있다(요 11:4). 질병이 하나님의 영광을 나타낸다는 말은 아주 중요한 말이다. 주님께서 나사로와 그의 질병에 대해서 그렇게 말씀하셨다. 나사로가 왜 병들었는지 우리는 모른다. 그것이 죄 때문이었다고 생각해서는 안된다. 우리 주님은 모든 신자들을 사랑하듯이 나사로를 사랑하셨다(요 11:5). 주님께서 우리를 다루실 때 사랑하는 자들을 징계하시며 그의 자녀들을 때리시기까지 하신다(히 12:6). 그러나 채찍은 하나님의 최후통첩이 아니다. "무릇 징계가 당시에는 즐거워보이지 않고 슬퍼보이나 후에 그로 말미암아 연달한 자에게는 의의 평강한 열매를 맺느니라"(히 12:11). 시편 기자는 오랜 시련을 당한 후에 이렇게 노래했다. "사람들로 우리 머리 위로 타고 가게 하셨나이다 우리가 불과

물을 통행하였더니 주께서 우리를 끌어내사 풍부한 곳에 들이셨나이다"(시 66:12).

우리의 질병이 우리 때문이 아니라 사단으로부터 올 수도 있다. 질병의 원인을 규명하는 것은 미지의 세계를 더듬는 것과 같다. 그러나 "원수가 이렇게 하는구나"하는 설명 외에 다른 설명을 할 수 없는 질병이 있는 것 같다. "순전하고 정직하여 하나님을 경외하는" 욥이 질병으로 심한 고통과 두려움을 겪었다(욥 1:8). 그의 질병은 그야말로 악창이요, 괴질이었다. 하나님의 오묘하신 섭리 가운데 허용된 질병이었다. 자비롭고 전능하신 하나님께서 사단의 참소를 들으시고 "내가 그를 네 손에 붙이노라 오직 그의 생명은 해하지 말지니라"고 질병을 허용하셨다(2:6). 즉각 그 결과가 나타났다. "사단이 이에 여호와 앞에서 물러가서 욥을 쳐서 그 발바닥에서 정수리까지 악창이 나게 한지라"(2:7). 욥의 고통이 너무나 컸기 때문에 그의 친구들마저도 7일 동안 할 말을 잃고 지켜보고만 있었다(2:13).

모든 질병이 죄 때문이 아닌 것처럼 모든 질병이 사단으로부터 오는 것만도 아니다. 그러나 성경은 거듭 질병이 악한 자로부터 올 수 있음을 말하고 있다. 가다라 지방의 정신병자는 악령들이 들어서 고통을 겪고 있었다. 예수님께서 악령들을 쫓아내셨을 때 그는 정신이 온전하여 옷을 입고 주님의 발 앞에 앉아 있었다(눅 8:35). 갈릴리의 한 여인도 역시 귀신들려 고생하고 있었다. "그러면 18년 동안 사단에게 매인 바 된 이 아브라함의 딸을 안식일에 이 매임에서 푸는 것이 합당치 아니하냐"(눅 13:16). 주님은 각처에 두루 다니시면서 귀신에 눌린 모든 자들을 치료하셨다(행 10:38). 바울의 "육체의 가시"가 무엇이었는지 모르지만 그것은 그를 치는 사단의 사자였다(고후 12:7).

질병의 원인을 분별하되 불안하고 초조하게, 혹은 불신앙으로 분별할 것이 아니라 하나님의 지혜를 구해서 분별하는 것이 질병 훈련의 일부이다. 만일 우리의 질병이 우리의 죄 때문이라면 가슴속으로부터 죄를 회개하고 우리의 범사를 하나님께 맡겨야 한다. 우리의 일생은 하나님의 손에 달려있다(시 35:15). 만일 사단 때문에 질병이 왔다면 사단을 대적해서 예수님의 능력있는 이름으로 구출함을 받아야 한다. 원인이 어떻든 간에 우리는 질병과 약함이 사나 죽으나 하나님의 영광이 될 수 있도록 믿고 행해야 한다(빌 1:20).

질병은 실로 고된 훈련이다. 질병에 걸려본 자만이 그 훈련이 얼마나 고된지를 알 수 있다. 몸이 쇠해지고 약해지며 고통과 눈물과 시련과 지루한 낮과 밤 등으로 깊은 우울에 빠질 수 있다. 반면에 질병을 통해 주님의 말씀을 깨달을 수 있다. "내 은혜가 네게 족하니 이는 내 능력이 약한 데서 완전하여짐이라"(고후 12:9). 우리도 바울처럼 그리스도의 능력이 우리 위에 머물 수 있도록 우리의 약함을 자랑하는 법을 배울 수 있다.

질병의 훈련을 두려워하거나 그것 때문에 좌절하지 말자. 우리의 영혼을 살펴 고백하지 않은 죄가 있나 깨닫도록 노력하자. 영혼의 원수가 우리의 길을 막고 있다면 그를 대적하여 죄로부터 구원함을 받도록 노력하자. 질병을 통해 하나님께 영광을 돌릴 수 있으며 하나님의 은혜가 흡족함을 발견하게 된다는 영광스런 진리를 깨닫도록 하자. 질병의 훈련을 통과하면 우리는 남들에게 긍휼과 축복을 나누어 줄 수 있게 된다.

> 죄짐 맡은 우리 구주 어찌 좋은 친군지
> 걱정 근심 무거운 짐 우리 주께 맡기세
> 주께 고함 없는 고로 복을 얻지 못하네
> 사람들이 어찌하여 아뢸 줄을 모를까.

25

환멸의 훈련

"우리는 이 사람이 이스라엘을 구속할 자라고 바랐노라"(눅 24:21).

회 상

비통한 일에 대하여 하나님께 감사한다
이것들이 "은총의 친구"들이었다
그것들을 통해 안일한 길에서
폭풍을 뚫고 은밀한 장소로 가게 되었다.

내가 깊은 실망을 안겨다준
친구들을 인해서 감사한다
때문에 주님의 발 밑에 엎드리게 되었고
주님의 사랑의 품에 안기게 되었다.

내 인생의 길에 만족이 없어도
나는 감사한다
하나님 안에서만 풍성하고 충만한
축복을 누릴 수 있었다.

― 플로렌스 화이트 윌레트(Florence White Willett) ―

"우리는 이 사람이 이스라엘을 구속할 자라고 바랐노라"(눅 24:21).

영혼의 평정과 마음의 기대가 산산조각으로 깨어질 때 환멸이 얼마나 큰가! 우리는 누구나 그 아픔을 체험했다. 벅찬 희망의 배가 화려하게 출범했으나 돌아오지 않았다든지 혹은 돌아와도 여기저기 부서지고 깨어져서 돌아올 경우 실망을 느낀다. 우리가 바라던 것이 만족스럽게 이루어지리라고 굳게 믿었으나 위기와 혼돈과 혼란이 찾아왔다. 예수님의 제자들처럼 우리는 갈릴리 하늘 아래서 우리의 기대를 걸었다. 수많은 무리가 환호하고 수천 명이 기적적으로 떡을 먹는 놀라운 사건들을 보고 제자들의 가슴은 부풀어올랐다. 그러나 겟세마네의 그늘과 골고다의 슬픔과 동산의 말없는 무덤이 찾아왔다. 마음 깊숙이 쑥을 씹은 듯한 환멸이 느껴진다.

우리가 순종하고 희생하면 축복을 받으리라 확신을 갖는다. 제자들은 그런 확신이 없었겠는가. 그물을 던지고, 세관의 책상을 박차고 아버지와 어머니를 버리고 가족과 재산을 버리고 부드럽게 부르시는 주님을 따라나섰다. 주님은 부드러우시면서도 권위있게 말씀하셨고, 굶주린 자들을 먹이셨고, 바다를 잠잠케 하셨고, 하늘나라와 그 원리들을 선포하셨고 필요에 따라 공급하신 분이셨다. 그분이야말로 메시야 하나님의 기름부음을 받은 자이심을 확신하고 그에게 전생애를 걸었다. 그러나 지금 그는 죽고 무덤에 묻혔다. 이미 사흘이나 지났다. 메시야가 죽은 것이다. 그들의 기대는 깨어지고 깊은 환멸을 느꼈다.

우리도 제자들처럼 다른 사람들에 대해서 혹은 때때로 주님에 대해서 환멸을 느끼지 않는가. 우리가 그를 구주로 영접했을 때 그는 우리를 죄의 형벌과 능력으로부터 구원하셨고 우리 인생의 주인이 되셨다. 그를 따르던 우리 인생의 갈릴리는 기적과 은총, 선하심과 영광스러움뿐이었다. 사마리아에서 남들을 도와주었고 가나에서 기적을 체험했고 베다니에서 축복을 받았고 성전에서 교훈을 들었다. 그러나 또한 겟세마네 동산의 감람나무 그늘이 있었고 갈보리의 십자가와 무덤이 있었다. 그가 우리를 버리고 영원히 떠나신 것만 같았다. 우리는 속으로 "그가 그분일 줄 알았노라"고 쓰디쓰게 중얼거린다.

남들에 대해서도 마찬가지다. 남들의 사랑을 받을 때는 우리의 가슴이 기쁨으로 가득 찼고, 헌신을 받을 때는 즐거웠으며, 깊은 관심으로 우리를 돌볼 때는 감격스러웠고, 곁에 있어 줌으로 우리의 방패가 되었고 그들이 살고 있다는 사실 자체가 우리에게 평안을 주었다. 그러나 그들은 우리를 잊어버리고 실망하고 버리고 떠났다. 우리는 두려움과 실의에 빠졌다. 그들도 인간인지라 잘하려고 했지만 약해서 그렇게 된 것이다. 우리도 인간인지라 그들이 우리를 낭패케 했으므로 고통을 겪었다. 그들이 없다면 인생은 무의미하고 살 가치가 없으며 사랑도 웃음도 없었을 것이다. 그런데 그들 때문에 환멸에 빠졌다.

모든 것을 다 잃은 것 같은 두려운 생각이 환멸 훈련의 제일단계이다. 남은 것은 하나도 없다. 엠마오로 가던 두 제자는 실망과 환멸을 안고 있었다. 동서고금의 하나님의 자녀들이 다 이런 것을 겪었을 것이다. 그러나 엠마오 도상에서의 제자들은 환멸 훈련을 겪고 난 후에 환희를 도로 찾았다.

아브라함도 모리아 산의 언덕과 산정에서 그 훈련을 받았다. 약속의 아들 이삭이 희생되지 않고 집으로 돌아왔을 때는 그의 마음이 환희로 가득 찼다. 어린 시절이 지나가고 혈기방장한 청소년이 된 이삭을 희생하라는 것은 청천벽력이었다. 아브라함에게 있어서 모리아 산정은 통곡의 골짜기, 깨어진 희망의 골짜기였었다.

제자들도 갈보리 산에서 그 훈련을 받았다. 그들은 나사렛 예수가 "하나님과 모든 백성 앞에서 말과 일에 능하신 선지자"라고 믿었다(눅 24:19~20). 그러나 대제사장들과 관원들은 그를 정죄하여 십자가 위에 처형했다. 설상가상으로 "우리는 이 사람이 이스라엘을 구속할 자라고 바랐노라 이 뿐 아니라 이 일이 된 지가 사흘째요"라는 말을 보면 과거에는 바랐지만 지금은 바라지 않는다는 말로서 모든 희망이 깨어지고 환멸에 빠진 것을 알 수 있다(21절).

그들이 십자가 저 너머에 천사들과 빈 무덤에 대한 여인들의 얘기를 어떻게 믿을 수 있었을까? 아브라함이 모리아 산정 저 너머를 어떻게 바라볼 수 있었을까? 우리가 절망과 통곡의 골짜기 저 너머를 어떻게 볼 수 있을까? 우리는 누구나 이제는 끝장이라는 깊은 환멸 속에 빠지고 만다.

하나님의 엄한 말씀이 최후통첩이 아니라는 사실을 발견하는 것이 환멸 훈련의 둘째 단계이다. "저녁에는 울음이 기숙할지라도 아침에는 기쁨이 오리로다"(시 30:5). 하나님은 포도나무 가지를 아무렇게나 잘라버리는 부주의한 정원사가 아니시다. 은을 아무렇게나 제련하는 어리석은 제련사도 아니시다. 가지가 없어지는 것 같으나 열매를 주시며 은이 없어지는 것 같으나 순수한 은을 주신다. 이것은 우리가 상상할 수 없는 일이다.

모리아 산의 아브라함은 이삭을 돌려받는 축복 뿐 아니라 다음과 같은 약속도 받았다. "내가 나를 가리켜 맹세하노니 네가 이같이 행하여 네 아들 네 독자를 아끼지 아니하였은즉 내가 네게 큰 복을 주고 네 씨로 크게 성하여 하늘의 별과 같고 바닷가의 모래와 같게 하리니 네 씨가 그 대적의 문을 얻으리라"(창 22:16, 17).

엠마오 도상의 제자들은 말씀을 들을 때에 마음이 뜨거워지는 경험을 했을 뿐만 아니라(눅 24:27, 32) 그들과 함께 걸어오시던 분, 집에서 떡을 떼시던 분이 주님이신 것을 알아보는 시야를 얻게 되었다. 성취된 약속으로 가득 찬 성경이 열릴 뿐만 아니라 생명의 주, 부활의 주님이 갈릴리에 있을 때보다 더 확실하게 함께하심을 깨닫게 된 것이다.

우리도 절망과 환멸에 빠질 때 하나님이 어떤 유익을 주시는가? 이삭과 같은 사랑하는 자들과 잃어버린 희망을 되찾게 되고, 여호와 이레의 축복과 약속과 하나님과의 더 깊은 관계를 맺게 되고, 공급하시는 주님을 체험하며, 슬픔의 밤에 미처 꿈꾸지도 못했던 새로운 축복을 맛보게 되며, 인생의 순례길에서 날마다 말씀을 깨닫고 떡을 떼는 기쁨을 체험하게 될 것이다.

지극히 높으신 하나님께서 우리의 유익을 위해서 계획하신 환멸은 말할 수 없이 큰 기쁨을 낳는다. 환멸 훈련은 영혼의 깊은 훈련이다. 슬픔과 고통과 침묵과 고독과 모든 것을 상실한 듯한 십자가를 경험하게 되며 십자가 저 너머에 영원한 유익과 현세와 내세의 축복을 체험하게 된다. 그러므로 우리 환멸이 기쁨으로 바뀔 때까지 두려워 말고 순종과 신뢰로 주님을 따라가자.

26

명예의 훈련

"저가 강성하여지매"(대하 26:16).

네가 있는 곳

네가 있는 곳이 좁은 장소인가?
조심스럽게 간수하라!
그분이 너를 그곳에 두셨다.

네가 있는 곳이 넓은 장소인가?
조심스럽게 지키라!
그분이 너를 그곳에 두셨다.

네가 있는 곳이 어디든
너의 장소가 아니라
너를 그곳에 두신
그분의 장소인 것이다.

— 존 옥센함 —

"저가 강성하여지매"(대하 26:16).

　인격을 결정하는 훈련들 가운데 특별히 배우기 어렵고 깊은 훈련들이 있다. 어디로 가야 할지 막막한 실망의 훈련이 있는가 하면 화려하고 아름다운 길이 활짝 열린 기쁨의 훈련도 있다. 홀로 외롭게 그늘 밑에 서있는 어둠의 훈련이 있는가 하면 믿음으로 걷는 것이 아니라 보이는 것을 보고 걷는다고 생각되는 빛의 훈련도 있다. 험한 언덕길을 올라가는 어려움의 훈련이 있는가 하면 어쩐지 안전한 것과 같은 아늑한 기분을 느끼는 평안의 훈련도 있다. 『천로역정』의 기독교인처럼 "아름다운 정자"에 누워 시간을 낭비하고 그리스도를 증거하지 않고 허송세월하기 쉬운 것이 평안의 훈련이다. 약함과 고통 중에서 주님의 날개 그늘 아래서 주님과 만나는 질병의 훈련이 있는가 하면, 이만하면 됐다 싶고 주님이 필요없는 것같이 느껴지는 건강의 훈련도 있다. 다른 사람들이 알아주지 않고 무시하고 소외시키는 무시의 훈련이 있는가 하면, 많은 기회와 책임을 지고 대중 속에서 활동하는 명예의 훈련도 있다.
　훈련이란 본디부터 우리의 정신의 일부로서 우리의 인격을 형성하는 것이 아니기 때문에 배워서 터득했음을 고백했다. "어떠한 형편에든지 내가 자족하기를 배웠노니 내가 비천에 처할 줄도 알고 풍부에 처할 줄도 알아 모든 일에 배부르며 배고픔과 풍부와 궁핍에도 일체의 비결을 배웠노라"(빌 4:11, 12). 쾌락의 길과 평안의 들이 역경의 언덕과 사망의 깊은 골짜기보다 우리 영혼의 안전에 더 위험하다. 밤의 공포와 어둠 속을 행하는 재앙에도 위험이 있지만 낮에 나르는 화살과 백주에 황폐케 하는 파멸도 역시 위험하다. 평안의 위험이 사실 더 교활하고 심각한 위험이다.

웃시야 왕도 명예의 훈련을 받았다. 우리는 그의 경험을 통해 깊은 교훈을 받을 수 있다. 성경은 이렇게 말하고 있다. "기이한 도우심을 얻어 강성하여짐이더라 저가 강성하여지매 그 마음이 교만하여 악을 행하여 그 하나님 여호와께 범죄하였다"(대하 26:15, 16). 그는 시작은 잘했다. 젊은 왕으로서 여러 가지 책임을 조심스럽게 양심적으로 수행해냈다. 그는 예레미야의 다음과 같은 말을 일찌감치 깨닫고 있은 듯하다. "사람이 젊었을 때에 멍에를 메는 것이 좋다"(애 3:27).

젊음은 기쁨 뿐 아니라 위험도 내포하고 있다. 한편으로 근면한 임무수행과 노인들의 충고에 귀를 기울이고 힘껏 최선을 다해야 하는 과업들이 있는 반면에 실패의 가능성도 많다. 흔히 젊은이들은 자신을 이해하지 못하거나 남들에 의해 충분히 그 능력이 인정되지 못할 수도 있다. 만일 목적을 세우고 인내로 준비하며, 심각하게 공부하고 진심으로 봉사하고, 웃으면서 사랑하고 꾸준히 주님을 바라보고, 마음에 온유와 겸손을 유지한다면 그런 젊은이는 참으로 복되다. 막다른 골목인 줄도 모르고 지름길을 택하려는 유혹을 받고, 결국 장애물이 될 줄도 모르고 겉으로만 번지레하게 적당히 공부하고 일하는 습관을 키울 수 있고, 영혼을 파괴시키고 양심을 좁먹게 될 줄도 모르고 자기의 유익만을 추구할 수도 있다. 남들은 성공하여 평안한데 나는 무얼 했는가라는 식의 유혹도 받는다. 젊음의 시기는 공부하고 노력하고 애쓰고 봉사하고 멍에를 멜 만큼 심신을 단련하여 튼튼하게 해야 하는 시기이다.

웃시야 왕은 젊은 시절의 수고와 고통을 알았다. "웃시야가 나가서 블레셋 사람과 싸우고 … 또 거친 땅에 망대를 세우고 물웅덩이를 많이 팠으니 평야와 평지에 육축을 많이 기름이며 또 여러 산과 좋은 밭에 농부와 포도원을 다스리는 자를 두었으니 농사를 좋아함이더라 … 그 이름이 원방에 퍼졌더라"(대하 26:6, 10, 15). 이 모든 일에 "여호와 보시기에 정직히 행하며 … 하나님을 구하였고 저가 여호와를 구할 동안에는 하나님이 형통케 하셨더라 … 하나님이 도우사 블레셋 사람을 … 치게 하신지라 … 웃시야가 심히 강성하여 이름이 애굽 변방까지 퍼졌더라"(4, 5, 7, 8절). 젊은 날 하나님을 의지하고 순종하며 자기 자신을 무시하고 남들을 도우며 주님을 위해 희생하며 "나를 존중히 여기는 자를 내가 존중히 여기리라"는 진리를 깨닫는 젊은이는 복되다(삼상 2:30).

명예의 훈련은 우리가 성공하여 탁월한 지위를 얻고 특권과 번성의 고지를 점령하고 재산을 누리게 될 때 겪게 되는 훈련이다. 우리가 온유하고 자비로우신 "슬픔의 사람"(주님)을 가까이 따르는 동안에는 높은 지위를 얻어도 겸손한 마음을 유지하게 된다. "온유한 자를 공의로 지도하심이여 온유한 자에게 그 도를 가르치시리로다"(시 25:9). 우리가 희미하고 무명한 사람일 때 남들의 권리를 생각하고 남들의 감정을 고려한 것처럼 특권의 장소에서도 그렇게 하고 있는가? 그렇다면 우리는 다음의 진리를 습득한 것이다. "그러므로 너희는 하나님의 택하신 거룩하고 사랑하신 자처럼 긍휼과 자비와 겸손과 온유와 오래 참음을 옷입고 누가 뉘게 혐의가 있거든 서로 용납하여 피차 용서하되 주께서 너희를 용서하신 것과 같이 너희도 그리하라"(골 3:12, 13). 우리가 돈 한 푼 없이 가난하고 마음마저 가난할 때처럼 부자가 되고서도 부드럽고 눈물이 많으며 모든 은혜와 위로를 공급하시는 하나님을 의지하는가? 그렇다면 우리는 다음의 진리를 습득한 것이다. "여호와의 눈은 의인을 향하시고 그 귀는 저희 부르짖음에 기울이시는도다 … 여호와는 마음이 상한 자에게 가까이 하시고 중심에 통회하는 자를 구원하시는도다 … 저에게 피하는 자는 다 죄를 받지 아니하리로다"(시 34:15, 18, 22).

과거에 우리가 고통과 괴로움 속에 살았을 때 주님의 긍휼로 멸망하지 않았다는 사실과 주님의 은혜가 흡족했다는 사실과 "각양 좋은 은사와 온전한 선물이 다 위로부터 빛들의 아버지께로서 내려오나니 그는 변함도 없으시고 회전하는 그림자도 없으시니라"(약 1:17)는 진리를 이제 부자가 되고 난 후에도 기억하고 있는가? 과거에 우리는 가난하면서도 믿음에 부요한 것을 기뻐했고 가난 속에서도 건강한 것을 감사했고 일용할 양식을 인하여 감사했고 기도의 응답을 감사했었다. 이제 우리는 부자가 되었는데 지금도 여전히 많은 축복에 대해서 하나님을 찬양하는가? 우리의 잔이 넘침을 인하여 하나님께 감사하는가? 지구의 딴 곳에서 가난에 시달리는 자들을 위해서 기도하는가? 하나님이 우리에게 맡기신 것으로서 그들의 필요를 채워주는가?

우리가 기진맥진할 정도로 과로할 때 큰 시험에 빠지기보다 오히려 높아져서 찬양을 받을 때 시험에 들기 쉽다. 이것이 낮에 날으는 화살이요, 백주에 황폐케 하는 파멸이다. 웃시야 왕은 강하게 될 때까지만 기이한 도우심을 받았다. 강하게 된 후에는 어떻게 되었는가? "그 마음이 교만하여 악을 행하여 그 하나님 여호와께 범죄하였다"(대하 26:16). 그는 가난은 이겼으나 번성은 이기지 못했다. 노동은 이겼으나 부는 이기지 못했다. 고생은 이겼으나 승리는 이기지 못했다. 갈등은 이겼으나 성공은 이기지 못했다. 임무는 수행했으나 명성 앞에 넘어지고 말았다. 마음이 교만하여 파멸에 이르고 말았다.

"교만은 패망의 선봉이요 거만한 마음은 넘어짐의 앞잡이니라"(잠 16:18). "자기의 재물을 의지하는 자는 패망하려니와 의인은 푸른 잎사귀 같아서 번성하리라"(잠 11:28). "교만이 오면 욕도 오거니와 겸손한 자에게는 지혜가 있느니라"(잠 11:2). "눈이 높은 것과 마음이 교만한 것과 악인의 형통한 것은 다 죄니라"(잠 21:4).

명예의 훈련이란 이런 것이다. 유명한 사람이 된 후에도 무명한 때처럼 남들의 잘못을 관용하는가? 지금도 과거처럼 주님에 대해 감사하는가? 지금도 냉수 한 컵을 나누어 마시던 때처럼 남들을 생각하는가? 지금도 주님의 은혜에 대하여 전도하기 시작할 때처럼 철저하게 공부하고 봉사하는가? 지금도 가난했을 때처럼 주님의 약속을 신뢰하는가? 지금도 적은 소득으로도 기쁘게 십일조를 했던 때처럼 청지기직을 충실히 감당하는가? 지위가 높아졌다고 교만하지는 않는가? 특권을 얻었다고 권력을 남용하지는 않는가? 번성했으나 믿음에는 가난하지 않은가? 많이 가졌으나 남들에 대해 동정이 없지는 않은가? 강해졌으나 마음이 교만해 파멸의 길을 걷고 있지 않은가?

명예의 훈련을 잘 받을 수 있는 최선의 준비는 항상 자신의 초라함을 발견하고 주님 앞에 회개하며, 남들의 칭찬을 들을 때 조심하며, 남들의 복지에 관심을 가지며, 나 자신의 쾌락에 무관심하게 되는 마음의 철저한 겸손이다. 역경 중에서 깊이 교훈을 받을 것은, 번성은 우리가 마땅히 누려야 할 공적이 아니라 주님의 긍휼이라는 사실이다. 항상 기억해야 할 것은 우리가 아무리 성공해도 우리는 "무익한 종들"에 불과하다는 사실이다. 온유하고 겸손한 주님을 본받아 인간이 보기에 어떠한 지위에 있든지 간에 마음속으로 주님의 발 앞에 무릎을 꿇을 줄 알아야 한다.

하나님의 은혜를 받아 하나님을 섬기는 청지기로서 명예를 사용해야 할 것과, 명예를 가지고서도 하나님을 깊이 의존해야 할 것과, 임무에 더욱 충실해야 할 것과, 타인들의 아첨에 귀를 기울이지 말 것과, 사람들의 칭찬에 맛을 들이지 말 것과, 자기의 이권에 죽어지낼 것과, 주님의 명령 행함을 날마다 기뻐할 것을 엄한 훈련을 통해 배우게 되기 바란다. 그리하여 더욱 겸손한 마음으로, 하나님과 사람들을 더욱 사랑하는 마음으로 부할 때나 가난할 때나, 즐거울 때나 고통스러울 때, 유명할 때나 무명할 때 일생토록 주님을 섬겨야 할 것이다.

"아버지, 오늘 어디서 일할까요?
나의 사랑은 따뜻한 물처럼 흐르고 있다.
주님은 초라한 곳을 가리키며
"저 일을 좀 하라"고 하셨다.
나는 얼른 "안됩니다. 저것은.
아무도 봐주지 않습니다.
아무리 일을 잘해도 저렇게 초라한 곳은 안됩니다."
그때 주님은 엄하시지 않게
부드러운 음성으로 말씀하셨다.
"소자야 너의 마음을 살펴보라.
그들을 위해서 일하는가?
나를 위해서 일하는가?
나사렛은 초라한 곳,
갈릴리도 시골이었다."

27

태만의 훈련

"종이 이리저리 일 볼 동안에 저가 없어졌나이다"(왕상 20:40).

믿음

주여, 매일매일 살 수 있는 믿음을 주소서
안정된 마음으로 나의 작은 일에 충성하게 하소서
주님의 손 붙잡고 주님의 길을 가게 하소서.

주여 알지는 못한다 할지라도
신뢰할 수 있는 믿음을 주소서
만사에 조용한 마음으로 주님을 발견케 하소서
어린아이처럼 주님이 원하시는 곳에 가게 하소서.

주여 만사를 주께 맡기는 믿음을 주소서
미래는 주님의 선물이요 주님의 사랑으로
숨겨놓은 내일의 베일을 미리 벗기지 않게 하소서.

— 존 옥센함 —

"종이 이리저리 일 볼 동안에 저가 없어졌나이다"(왕상 20:40).

임무수행이란 때로 어렵고 권태롭고 심지어 위험할 수도 있다. 그러나 일단 수행하고 나면 기쁨이 온다. 임무를 정확하게 수행하고 "잘했다 착하고 충성된 종아"라는 칭찬을 받기란 쉽지 않다. 임무수행에 있어서 큰 위험 중의 하나는 태만이라는 것이다. 우리는 토끼와 거북이의 경주를 잘 알고 있다. 우리는 자신이 꾸준히 노력해서 경주에서 이긴 거북이라고 생각지도 않지만 잠자다가 경주에서 진 토끼라는 생각도 하지 않는다. 임무 태만의 위험은 항상 우리에게 도사리고 있다. 목표를 향해서 전진하면서 결코 자신들의 능력을 과신해서는 안된다.

우리가 단순히 부주의해서 임무수행에 태만할 수도 있다. 아합 왕에게 선지자가 비유를 통해 아주 인간적인 얘기를 했다. 아합 왕에게 책임을 맡겼으나 왕이 무책임했음을 지적하는 비유였다. "종이 전장 가운데 나갔더니 한 사람이 돌이켜 어떤 사람을 끌고 내게로 와서 말하기를 이 사람을 지키라 만일 저를 잃어버리면 네 생명으로 저의 생명을 대신하거나 그렇지 아니하면 네가 은 한 달란트를 내어야 하리라 하였거늘 종이 이리저리 일 볼 동안에 저가 없어졌나이다"(왕상 20:39, 40). 아합 왕은 전술에 익숙했다. 그는 임무를 알고 있었다. 부주의의 결과도 알고 있었다. 그러면서도 부주의했다. 부주의한 행동과 임무 태만으로 자신과 자기 나라에 위험을 초래했다.

젊은이들이나 노인들도 이런 경우를 당할 때가 얼마나 많은가. 분명한 임무가 주어지고 정확한 시간제한이 있고 확실한 보상과 실패할 경우에 확실한 벌칙이 주어져 있다. 그러나 성공을 향한 언덕으로 기어오를 때 태만이라는 위험이 도사리고 있다. 구태여 악한 일이라 할 것은 없지만 부주의하고 게으르고 허튼 생각을 하고 라디오를 듣거나 쓸데없는 얘기를 하거나 잡지를 뒤적이거나 긴 편지를 쓰거나 하면서 임무수행에 우선권을 두지 않는다. 일을 해야겠다는 의도는 있고, 과제를 마치겠다는 생각은 있고, 임무에 충실해야겠다는 마음은 있으나 오락이나 사치를 거부하는 훈련이 되어 있지 않아서 사소한 일로 이리저리 돌아다니고 그러다가 마침내 기회는 지나가고 임무는 미완성 상태로 남아있게 되는 것이다. 차선이 흔히 최선의 적이다. 우리는 좋은 일과 중요한 활동과 유익한 일을 분주하게 하지만 지금 당장 처리해야 할 임무에는 태만하다. 대학생들은 학과수업보다는 과외활동, 공부보다는 사교를, 어려운 것보다는 쉬운 것을, 필수적인 것보다는 흥미로운 것을, 창조적인 것보다는 오락행위를, 최선보다는 차선을 하려고 하는 유혹을 받는다. 값진 것은 시간과 장소가 있는 것이지 항상 어디서나 할 수 있는 것은 아니다. 이리저리 분주하게 다니다가 아무것도 못하는 과오를 범치 말자.

    때로는 위험을 피하기 위해서 임무수행에 태만한 경우도 있다. 다니엘은 세속직무도 있었고 하나님에 대한 임무도 있었다. 이 두 가지 일에 그의 원수들을 깜짝 놀라게 할 정도로 충실했다. 세상에서나 교회에서 책임있는 자리에 오르면 이유없이 많은 시기를 받게 된다. 다니엘은 충실히 효율적으로 일함으로 최고의 지위에 올랐다(단 6:1~3). 왕의 대신들은 "아무 틈, 아무 허물을 얻지 못하였다"(6:4). 하나 잡은 것이 있다면 그가 매일 하나님께 경배하는 것이었다. 그들은 앞으로 30일 간 여하한 경배도 불법행위로 규정하는 법을 만들어 위반할 경우에는 엄벌에 처하도록 하였으며, 누구든지 그 법령을 위반하기에 앞서 재삼 생각하도록 하는 강한 법령을 왕 앞에 제출하여 왕으로 서명하게 하였다.

다니엘은 그들의 간교한 술책을 꿰뚫어 보았다. 하나님을 경외하는 자신의 생명이 위기에 처한 줄도 알았다. 바벨론 궁정에서 직무하던 초기부터 살아계신 하나님이 자신의 보호자라는 사실을 계속 주장해 왔다. 느부갓네살 왕에게 그는 "오직 은밀한 것을 나타내실 자는 하늘에 계신 하나님이시라"(2:28)고 말했었다. 후에 그는 왕에게 "하나님이 다스리는 줄을 왕이 깨달을 때까지" 왕이 추방될 것을 경고했었다(4:25). 하나님이 무서운 줄을 모르고 설치는 벨사살 왕에게 다니엘은 엄숙하게 경고했다. "왕의 예물은 왕이 스스로 취하시며 왕의 상급은 다른 사람에게 주옵소서 … 왕이여 지극히 높으신 하나님이 왕의 부친 느부갓네살에게 나라와 큰 권세와 영광과 위엄을 주셨고 … 도리어 왕의 호흡을 주장하시고 왕의 모든 길을 작정하시는 하나님께는 영광을 돌리지 아니한지라"(단 5:17, 18, 23). 다니엘은 새로운 시련이 부딪쳐 왔을 때도 모든 사람들이 보도록 창문을 열어놓고 "전에 행하던 대로 하루 세 번씩 무릎을 꿇고 기도하며 그 하나님께 감사하였다"(6:10).

그 다음 얘기는 독자가 너무나 잘 알고 있다. 그를 엿보는 그의 원수들과 사자굴, 다니엘의 신실한 행동을 인정하여 손을 펴 다니엘을 굴에서 건져내신 하나님의 손길을 잘 알고 있다. 우리가 직면하는 위험들이 다니엘의 위험처럼 무서운 것들이 아니고 다니엘처럼 극적으로 구출을 받지 못한다 해도 위험이 무서워서 임무수행을 기피하는 경우가 우리에게 있을 수 있다. 하나님과 사람에 대한 책임을 충실하게 수행하면서 다음과 같이 말할 수 있는 자는 복된 자다. "주는 나를 돕는 자시니 내가 무서워 아니하겠노라 사람이 내게 어찌하리요"(히 13:6). 위험을 무릅쓰고 임무를 수행하는 훈련을 받아야 한다.

사소한 일에 지나치게 신경을 쓰다가 임무수행에 태만할 수도 있다. 우리는 주님이 나사로, 마리아, 마르다 3남매의 집에 계셨을 때의 얘기를 잘 안다(눅 10:38~42). 주님은 그들의 집에서 따뜻한 환영을 받고 융숭한 대접을 받으셨다. 마리아는 "예수의 발 아래 앉아 그의 말씀을 들었다"고 기록되어 있다(눅 10:39). 어떤 사본에 마리아를 설명하여 "그녀는 또한 주의 발 아래 앉아 그의 말씀을 들었다"고 되어 있다. 여기서 또한이란 사소한 단어 하나가 중요하다. 이 말은 자신의 일들을 속히 다 하고 나서 주의 말씀에 귀를 기울였다는 의미를 내포할 수 있다. 마르다는 너무 바빴다. 견디다 못해 주님에게 불평을 털어놓았다. "주여 내 동생이 나 혼자 일하게 두는 것을 생각지 아니하시나이까 저를 명하사 나를 도와주라 하소서" (10:40). 진지하고 충실하게 일하는 사람은 누구나 마르다의 심정을 이해할 수 있는 것이다. 당연히 도움을 기대할 수 있는 처지에 있었다. 손님 중의 손님이 오셨는데 힘을 합해 최고로 대접해 드려야 하지 않겠는가?

주님의 대답을 들어보자. "마르다야 마르다야 네가 많은 일로 염려하고 근심하나 그러나 몇 가지를 하든지 혹 한 가지만이라도 족하니라"(눅 10:41, 42). 마르다에 대한 주님의 이 대답이 무슨 의미를 갖는지 많은 사람들이 여러 가지로 깊이 해석했지만 내가 읽은 주석들을 보면 주님의 핵심을 이해하지 못한 것 같다. 주님은 여인의 마음을 알았다. 여인은 손님을 위해 최선을 다하고자 하는 마음이 있다. 그러나 주님은 음식보다 교제를 더 원하셨다. 영생에 관한 대화를 많은 반찬보다 더 원하셨고 말씀 듣는 것을 사치한 생활보다 더 좋아하셨다. 주님의 말씀은 이것저것 여러 가지 반찬을 만들려고 하지 말고 간단하게 한 가지만 해오라는 것이었다. 간단하게 준비할 수 있는 음식을 준비해 오고 영적인 일에 대해 얘기하는 시간을 더 많이 갖자는 것이었다. 좋은 시간을 반찬 만드는 것에 뺏기지 말자는 것이었다. 주임무를 태만히 하고 해도 되고 안 해도 되는 사소한 일들에 흥미를 빼앗겨서는 안된다는 것이다. 나무를 보다가 숲을 놓쳐서는 안된다. 많은 심부름을 하려다 정작 중요한 일을 놓쳐서는 안된다. 선(先) 마르다 후(後) 마리아가 아니라 선 마리아 후 마르다여야 한다. 많은 일을 하면서도 "더 좋은 편"을 놓칠 수 있다.

과거의 성공과 실패에 집착하다가 임무수행에 태만할 수도 있다. 바울은 과거의 유산과 교육, 율법의 의를 성취하고자 하는 간절한 욕망 등을 "주 그리스도 예수를 아는 지식이 가장 고상함을 인하여" 분토와 같이 여겼다(빌 3:6, 8). 그래서 그는 확신있게 이렇게 고백할 수 있었다. "오직 한 일 즉 뒤에 있는 것은 잊어버리고 앞에 있는 것을 잡으려고 푯대를 향하여 그리스도 예수 안에서 하나님이 위에서 부르신 부름의 상을 위하여 좇아가노라"(3:13, 14).

바울은 자기가 물려받은 지위나 교육이나 가문을 자랑스럽게 내놓을 만했다. 유대인으로서 구약에 대한 지식이나 약속들이나 바리새적 정통성 등의 이점을 자세하게 주장할 수도 있었을 것이다. 가문을 생각해서 조상숭배도 생각할 수 있었을 것이다(조상숭배는 현대의 일부 중국인들만 행하는 것이 아니다). 과거에 너무 집착해서 과거의 유익과 축복과 풍부한 재산만 생각하다가 현재 힘써 추구해야 할 목표를 놓쳐버리는 자들이 많다. 달리기 하는 사람이 뒤를 돌아보면서 달린다면 어떻게 될까? 위험하고 불확실한 경주를 하게 될 것이다.

과거의 성공에 집착하는 경우도 있지만 과거의 실패와 실수를 생각하며 쓰디쓴 패배감을 되씹느라 현재와 미래를 잊어버리는 경우도 있다. 우리는 인생의 길가에 홀로 앉아 아픈 가슴을 부여잡고 과거의 무모했던 것을 회고하며 놓쳐버린 기회들을 통탄스럽게 생각하고 비통한 가슴을 스스로 쥐어짜는 경우가 많다. 과거의 긴 그림자가 우리의 가는 길에 햇빛을 허용치 않는다. 거듭된 실패가 미래의 실패를 예측한다. 옛날의 실수가 고쳐질 수가 없다. 과거가 현재와 미래를 삼켜버렸다. 우리는 병적인 추억에 빠져 있으며 과거를 잊어야 한다는 사실조차도 잊고 있다. 과거는 지나간 것이다. 과거는 십자가 보혈에 씻겨 내려갔다. 과거는 다음과 같이 말씀하신 분에게 일임된 것이다. "주와 같은 신이 어디 있으리이까 주께서는 죄악을 사유하시며 그 기업의 남은 자의 허물을 넘기시며 인애를 기뻐하심으로 노를 항상 품지 아니하시나이다 다시 우리를 긍휼히 여기셔서 우리의 죄악을 발로 밟으시고 우리의 모든 죄를 깊은 바다에 던지시리이다"(미 7:18, 19). 자랑스럽든 수치스럽든 과거는 하나님의 망각의 바다에 다 던져진 것이다. 따라서 뒤에 있는 일은 잊어버리고 푯대를 향해서 그리스도 예수 안에서 하나님의 상급을 바라보고 전진해야 할 것이다.

현재의 부주의나 임박한 위험이나 갖가지 자질구레한 일들이나 과거의 긴 그림자 때문에 임무수행에 태만해서는 안될 것이다. 이것이 태만을 이기는 훈련이요 이 훈련은 한마디로 "오직 한 일만 해내겠다"는 것으로 요약된다.

28

지도자의 훈련

"주의 온유함이 나를 크게 하셨나이다"(시 18:35).

주여 나를 포로로 삼으소서

주여 나를 포로로 삼으소서
그러면 자유를 얻겠나이다
내 칼을 양도하게 하소서
그러면 승리자가 되겠나이다
내 스스로 서있을 땐
인생의 풍파에 빠지나이다
주님의 강한 팔에 나를 가두소서
그러면 내 손이 강해지리이다.

주님을 발견하기까진
내 마음은 약하고 가련하나이다
마음에 확실한 지주가 없어
바람과 함께 흔들리나이다
마음의 쇠사슬을 주께서 풀어주시기까지는
자유로 움직일 수 없나이다
주님의 강한 사랑으로
내 마음을 사로잡으소서
그러면 영원히 다스리겠나이다.

— 조지 매티슨(George Matheson) —

"주의 온유함이 나를 크게 하셨나이다"(시 18:35).

우리는 대부분 뒤에서 따르는 자들이다. 당연히 그러해야 한다. 그러나 학교에서나 교회에서나 농장에서나 공장에서나 사회에서나 국가에서 많은 사람의 복지를 위해 지도자의 책임을 맡은 자들도 있다. 따르는 자들은 근면하고 기쁘게 임무를 수행하면 된다. 지도자들은 지도자의 훈련을 받아야 한다. 자기 이권을 위해 지도하거나 다스리지 않도록 권력의 부름을 받은 자들은 태도를 분석하고 동기를 가늠하는 훈련을 받아야 한다. 남들을 사랑으로 지도하는가? 그리스도에 대한 충성심으로 지도하는가? 아니면 그들을 주장하고 부리는가? 주 예수 그리스도는 인간의 마음을 꿰뚫어보시는 통찰력을 가지고 제자들에게 다음과 같이 말씀하셨다. "이방인의 집권자들이 저희를 임의로 주관하고 그 대인들이 저희에게 권세를 부리는 줄을 너희가 알거니와 너희 중에는 그렇지 아니하니 너희 중에 누구든지 크고자 하는 자는 너희를 섬기는 자가 되고 너희 중에 누구든지 으뜸이 되고자 하는 자는 너희 종이 되어야 하리라 인자가 온 것은 섬김을 받으려 함이 아니라 도리어 섬기려 하고 자기 목숨을 많은 사람의 대속물로 주려 함이니라"(마 20:25~28).

비천한 자리에서 권력의 자리로 옮겨진 자들 가운데 다윗을 손꼽을 수 있을 것이다. 그는 양들을 먹이는 천한 목동의 자리에서 일국의 왕으로 등용되었다. 현대의 소설과 자서전에 흥미로운 성공담이 많이 실려있지만 이새의 어린 아들 다윗의 성공에 비길 바 못된다.

시골 소년이 왕이 되었고, 양치며 흥얼거리던 목동이 물매로 백성을 구출하였으며, 시인이 용맹을 떨쳤으며, 시골 소년이 대왕이 되었고, 목동이 주권자가 되었다. 이 놀라운 성공의 비결이 무엇인가? 우리가 얻을 수 있는 교훈이 무엇인가?

우선 먼저 성공의 원인으로 용기를 들 수 있다. 동물원에서 사자나 곰을 보면서 다윗은 저들과 맨손으로 싸웠다니 그야말로 굉장한 용기의 사나이였겠구나 하고 생각하지 않을 사람이 없다. 아버지의 양떼를 지킬 때에 야수들을 몰아내며 목동의 임무에 모범적으로 충실하였다. 이런 임무에 대한 충성심도 성공의 비결이었을 것이다. 많은 사람들에게 주어지지 않는 군중을 끄는 지도력도 성공의 디딤돌이 되었을 것이다. 그러나 다윗은 권좌에 올라서서 과거를 회상하며 자기의 잘난 점을 한마디도 언급하지 않았다. 다만 "주의 온유함이 나를 크게 하셨나이다"라고 겸손하고 소박하고 정직하게 고백한 것이다.

다윗을 두고 부드럽고 온유하고 양순하다는 말이 통하겠는가? 그는 씩씩하고 용감한 목동이요, 두려움을 모르는 군인이요, 백성의 강력한 지도자요, 평화의 사람이기보다는 전쟁의 사람이었던 것 같다. 요컨대 용감한 군인기질이 그를 백성의 지도자로 만든 것 같다. 그러나 이런 성격이 그에게 성공의 비결은 아니었다. 온유함이 그를 왕으로 만들었고 친절함이 그를 대왕으로 만들었고 부드러움이 그를 땅 위의 위대한 자로 만들었다. 그는 자기 백성들에 대하여 온유한 자였다. 가령 아둘람 굴에 갇혀 있을 때 심한 갈증 때문에 이렇게 호소했다. "베들레헴 성문 곁 우물물을 누가 나로 마시게 할꼬"(대상 11:17). 이 말을 듣고 충성스런 용사 셋이 목숨을 걸고 적군 블레셋의 진을 뚫고 지나 우물에서 물을 길어 다윗에게 갖다 바쳤다. 다윗은 그들의 사랑과 충성에 감격하여 그 물을 마시지 않고 주님께 제물로 부어드렸다. 그가 볼 때 그 물은 왕을 기쁘시게 하기 위하여 생명을 걸고 떠온 물이므로 그들의 피값이었다. 다윗과 같이 엄한 군인의 가슴에 이토록 부드러운 마음이 있을 줄 누가 생각했겠는가?

　1차 세계대전 당시 이와 비슷한 사건이 발생한 적이 있었다. 내가 가담한 부대의 장병들이 과거에 있었던 사건을 내게 말해 주었다. 제1사단이 아르곤 전선에서 사력을 다해 근무하다가 후방으로 철수하여 숨돌릴 수 있는 여유가 생겼다. 그러다 다시 바로 몇 시간 내에 전방으로 배치되었다는 것이다. 적이 침투할 촉박한 위기상황이 진행되고 있었다. 전쟁에 찢기고 지친 병사들이 파괴된 프랑스 마을을 지나 전선에서 돌아왔을 때 성조기가 미풍에 휘날리고 시장 쓰레기 더미 위에서 연대가 조직되었다. 연대장은 참호 속으로 돌아가는 사병들을 점검했다. 군악이 연주되고 홍백청 삼색기가 올라가자 그들은 연대장 앞으로 사열하며 지나갔다. "우로 봐!"라는 신호에 따라 연대장을 향해 고개를 돌린 사병들은 연대장의 눈에서 뺨을 타고 흘러내리는 눈물을 보았다는 것이다. 프랑크 파커 장군은 웨스트포인트를 졸업한 딱딱한 군인이었으나 속에는 여인의 가슴과 같은 부드러움을 지니고 있었다.

　우리는 우리에게 속한 자들—우리 가족이나 가까운 이들, 즉 우리가 생각없이 말하거나 행동하여 쉽게 상처를 줄 수 있는 자들에 대해서 이런 부드러운 마음을 품고 있는가? 우리와 책임을 함께 나누며 우리와 같이 연약한 자들로서 주의 일에 동참하는 동역자들에 대해 온유하게 대하고 있는가? 우리는 어머니에게 날카롭게 대하면서 남들에게 정중하게 대할 수는 없다. 아버지를 비판하면서 애인에게 고분고분할 수는 없다. 가정이나 교회에서 불친절하면서 진정으로 그리스도를 전할 수는 없다. 부드러움은 지도력을 시험하는 한 기준이요 지도자가 지녀야 할 성품이다.

　다윗은 역시 자기를 모질게 이용해 먹는 원수들에게까지 부드러웠다. 이스라엘 초대 왕 사울처럼 야비한 인간은 드물 것이다. 자기 백성을 블레셋의 굴레에서 벗어나게 하고 자기 나라의 평화와 번성을 안겨다 준 젊은이 다윗을 시기해서 어찌하든지 없애버리려고 했

28. 지도자의 훈련　• *233* •

다. 마치 황야에서 자고새를 사냥하듯이 다윗을 추격해서 다윗과 죽음 사이는 한 발자국밖에 떨어져 있지 않았다. 드디어 다윗에게 복수할 기회가 왔으나 다윗은 복수하지 않았다. 사울과 그의 부하들이 잠자고 있을 때 다윗은 살금살금 접근해서 그의 잔인한 원수를 발견했다. 사울이 다윗의 손에 복수당할 만한 기회는 한 번만이 아니었다. 다윗의 부하들은 복수하라고 촉구했다. 본인이 못하겠다면 자기들이 대신 복수해 주도록 허락해 달라고 간청했으나 다윗은 거절했다. "내가 손을 들어 여호와의 기름부음을 받은 내 주를 치는 것은 여호와의 금하시는 것이니 그는 여호와의 기름부음을 받은 자가 됨이니라 … 누구든지 손을 들어 여호와의 기름부음을 받은 자를 치면 죄가 없겠느냐"(삼상 24:6; 26:9). 말하자면 다윗은 주님이 오시기 천여 년 전에 주님의 명령을 수행한 자라 할 수 있다. "나는 너희에게 이르노니 너희 원수를 사랑하며 너희를 핍박하는 자를 위하여 기도하라 이같이 한즉 하늘에 계신 너희 아버지의 아들이 되리니"(마 5:44, 45).

우리를 핍박하는 자들에 대해서 참으며, 배은망덕한 자들에게 은혜를 베풀며, 야비한 자들에게 사랑을 베풀며, 고문하는 자들에게 부드러운 마음을 품을 만큼 온유한 심정을 소유하고 있는가? 남들을 다스리기 전에 내 마음을 먼저 다스릴 줄 아는 지도자의 훈련이 되어 있는가? "노하기를 더디하는 자는 용사보다 낫고 자기의 마음을 다스리는 자는 성을 빼앗는 자보다 나으니라"(잠 16:32). "내 사랑하는 자들아 너희가 친히 원수를 갚지 말고 진노하심에 맡기라 기록되었으되 원수 갚는 것이 내게 있으니 내가 갚으리라고 주께서 말씀하시니라 네 원수가 주리거든 먹이고 목마르거든 마시우라 그리함으로 네가 숯불을 그 머리 위에 쌓아 놓으리라"(롬 12:19, 20).

다윗은 무엇보다도 하나님에 대해 부드러운 마음을 품었다. 그는 지극히 높으신 분의 임재와 능력과 섭리에 대해 예민했다. 곰과 사자로부터 구원해 준 것은 자신의 손이나 자신의 능력이 아니라 주님의 손길임을 알고 있었다. 골리앗과 접전했을 때도 "전쟁은 여호와께 속한 것이라"고 했다(삼상 17:47). 그는 경험을 통해서 이렇게 말할 수 있었다. "나의 영혼아 잠잠히 하나님만 바라라 대저 나의 소망이 저로 좇아 나는도다 오직 저만 나의 반석이시요 나의 구원이시요 나의 산성이시니 내가 요동치 아니하리로다 나의 구원과 영광이 하나님께 있음이여 내 힘의 반석과 피난처도 하나님께 있도다 백성들아 시시로 저를 의지하고 그 앞에 마음을 토하라 하나님은 우리의 피난처시로다"(시 62:5~8).

다윗의 온유한 심정은 나발과 부딪쳤을 때 특별히 잘 나타났다. 나발은 부유한 목축업자였는데 다윗과 그의 부하들이 나발의 소유를 보호해 주었다. 그 대가로 나발에게 조그만 것을 요청했으나 나발은 욕을 하면서 거절했다. 다윗은 당장 불꽃 튀는 울분을 터뜨리려 했다. 그는 순간적으로 위인으로서의 온유함을 잊어버렸던 것이다. 다윗은 부하들에게 각기 칼을 차고 따르라고 했다(삼상 25:13). 그는 나발 같은 녀석은 당연히 벌을 받아야 한다고 생각했다. 다윗에게 응분의 대가를 주어야 할 나발이 배은망덕하게 퍼부을 때 부드러운 다윗도 참을 수 없었다. 천하에 몹쓸 인간이라고 생각되던 것이다.

그 동안에 이 사건이 나발의 아내 아비가일에게 알려져 아비가일은 속히 다윗과 그 부하들을 위하여 음식을 만들어 왔다. 그리고 다윗에게 복수하지 말고 공의로 심판하시는 주님에게 맡길 것을 권유했다. 그러면서 다윗에게 이렇게 말하였다. "사람이 일어나서 내 주를 쫓아 내 주의 생명을 찾을지라도 내 주의 생명은 내 주의 하나님 여호와와 함께 생명싸개 속에 싸였을 것이요 … 내 주께서 무죄한 피를 흘리셨다든지 내 주께서 친히 보수하셨다든지 함을 인하여 슬퍼하실 것도 없고 내 주의 마음에 걸리는 것도 없으시리니"(삼상 25:29, 31). 사실 다윗이 아비가일의 권유를 들을 필요는 하나도 없었으나 그 권유 속에서 지극히 높으신 하나님의 책망을 깨달았다. 겸손하고 부드럽게 이렇게 말했다. "오늘날 너를 보내어 나를 영접케 하신 이스라엘의 하나님 여호와를 찬송할지로다 또 네 지혜를 칭찬할지며 또 네게 복이 있을지로다 오늘날 내가 피를 흘릴 것과 친히 보수하는 것을 네가 막았느니라"(삼상 25:32, 33).

여기에 참된 온유함의 최종 시험이 있다. 우리가 그릇된 태도나 행동을 취하기 쉽다는 자각심과 하나님께서 신실하심으로써 자기 종을 통해 우리를 억제하신다는 경각심을 갖는 것이 중요하다. 우리는 하나님의 아들로서 우리의 생명이 그리스도와 함께 하나님 속에 감추어져 있다는 것과(골 3:4), 우리가 서로 사랑함으로써 주님의 제자인 것을 남들로 알게 하는 신자의 사회생활에 대해서도 알고 있다(요 13:35). 우리는 악한 자의 승리는 잠시 동안이라는 사실을 기억하며(욥 20:5) 하나님께서 징계하신 자녀들에게 "후에" 축복하신다는 사실도 알고 있다(히 12:11). 승리와 보상을 받게 될 때 과거에 성질을 부려서 후회할 만한 일이 있다면 얼마나 부끄러울까? 만일 그런 것이 없다면 얼마나 영광스럽겠는가?

우리는 남들의 충고를 듣고 그 말을 부드럽게 받아 자신의 행동에 대해 자책하며 혹시 우리 자신이 잘못되었을 수도 있다는 것을 인정하며, 우리가 사사건건 하나님의 인도함을 받고 있는지를 확인할 만한 온유한 태도가 우리에게 있는가?

다윗은 이렇게 읊었다. "의인이 나를 칠지라도 은혜로 여기며 책망할지라도 머리의 기름같이 여겨서 내 머리가 이를 거절치 아니할지라 저희의 재난 중에라도 내가 항상 기도하리로다"(시 141:5).

우리에게 가까운 자들에 대한 온유한 심정과, 우리를 악용하고 우리를 해치는 자들에 대한 부드러움과, 성령께서 우리에게 말씀하실 수 있도록 성령에 대한 예민함, 이런 것이 지도자로서 갖추어야 할 성품이다. 인격이 곧고 마음이 부드러운 것이 지도자가 지녀야 할 필수조건이다. 다윗은 유언에 이 진리를 포함시켰다. "사람을 공의로 다스리는 자 하나님을 경외함으로 다스리는 자여 저는 돋는 해 아침 빛 같고 구름없는 아침 같고 비 후의 광선으로 땅에서 움이 돋는 새 풀 같으니라"(삼하 23:3, 4).

 어떤 종류의 성공을 했든지 "주의 온유하심이 나를 크게 하셨나이다"라는 다윗의 말을 기억하자. 다윗이 본래 부드러운 인격과 능력을 가지고 있었던 것은 아니었다. 하나님의 성령께서 다윗의 생활 속에 부드럽게 역사하셨기 때문에 그 열매로 다윗에게 부드러움이 생긴 것이다. "성령의 열매는 사랑과 희락과 화평과 오래 참음과 자비"라고 되어 있다(갈 5:22).
 주님께서 우리 속에 계셔서 부드럽고 긍휼하신 모습을 가르쳐 주실 때 은총의 성령으로 남들에게도 부드러움을 나타낼 수 있게 되는 것이다. 자기 친지들에게 부드럽고, 원수들에게 또 특별히 하나님에게 부드러운 것이 우리를 위대하게 만드는 것이다.

> 조용한 것은 아름다운 것
> 눈은 소리없이 내린다
> 날아가는 새의 깃털도 소리없이 떨어진다
> 장미에서 떨어진 잎새도
> 사뿐 땅을 밟는다
> 사랑도 참 사랑스러우면 소리가 없다.

29

의심을 이기는 훈련

"누구든지 나를 인하여 실족하지 아니하는 자는 복이 있도다"(마 11:6).

가지치기

"무릇 과실을 맺는 가지는
더 과실을 맺게 하려 하여
이를 깨끗게 하시느니라."
과실을 맺는 가지는
칼날을 느낀다
더 많이 자라고
더 풍성한 생명을 얻도록.

싹트는 가지마다 잘리고
흔들리는 덩굴손,
움직이는 잎새마다
칼날에 잘린다.

기쁨의 인생을 상실하고
아름다움이 잘린 그대여
소망이 먼지로 변하고
상처나고 찢긴 그대여.

비록 욕망마다 꿈마다 희망마다
떨어지고 사라져도
기뻐하라
그것은 하나님의 사랑의 손길이다.

하나님은 칼을 잡고
부드러운 손길로 자르시고 부러뜨리신다
열매맺는 그대의 삶이
더 많은 열매를 맺도록.

— 애니 존슨 플린트(Annie Johnson Flint) —

"누구든지 나를 인하여 실족하지 아니하는 자는 복이 있도다"(마 11:6).

　　의심은 우울하고 칙칙한 어둠처럼 우리 영혼 속에 찾아든다. 당황하고 멍해서 무얼 해야 하고 어디로 가야 할지 모른다. 의심은 고질적인 질병처럼 쉴새없이 잔인하게 우리의 확신과 양심의 생기를 갉아먹는다. 실망으로 아찔하여 우리는 넘어지고 기절한다. 우리는 자신과 친구들, 가문과 미래와 사실과 성경과 하나님에 대한 신앙마저 의심한다. 의심은 좌절케 하고 용기를 꺾고 파멸케 한다.

　　의심과 정반대로 믿음은 세우고 높여주고 밝게 하고 강하게 한다. "의인은 믿음으로 말미암아 살리라"(히 10:38; 롬 1:17). 믿음은 슬픔의 탄식 대신에 기쁨의 웃음을, 절망의 어둠 대신에 생명의 빛을, 두려움의 전율 대신에 영혼의 활력을, 마음의 굶주림 대신에 축복의 향기를 가져다 준다. 믿는 자는 복되다. 믿는 자는 끝없이 새롭게 하는 축복의 원천으로부터 새 힘을 공급받아 행복하고 즐겁고 꾸준하고 강하다.

　　우리는 복에 대한 구절들을 잘 알고 있다. 시편 1:1, 2에 "복있는 사람은 악인의 꾀를 좇지 아니하며 죄인의 길에 서지 아니하며 오만한 자의 자리에 앉지 아니하고 오직 여호와의 율법을 즐거워하여 그 율법을 주야로 묵상하는 자"라고 했다. 우리는 어려서부터 팔복을 알고 있다. "심령이 가난한 자는 … 애통하는 자는 … 온유한 자는 … 의에 주리고 목마른 자는 … 긍휼히 여기는 자는 … 마음이 청결한 자는 … 화평케 하는 자는 … 핍박을 받은 자는 복이 있도다"(마

5:3~10). 믿는 자는 넘어지지 않는다는 축복도 알고 있는가?

세례 요한과 의심하는 도마를 비교해 보자. 요한의 질문 속에 나타난 절망의 깊이를 누가 헤아리랴. "오실 그이가 당신이오니이까 우리가 다른 이를 기다리오리까"(마 11:3). 요한은 예수님이 주님이요 지극히 높으신 이의 아들이라는 분명하고 확신있는 확실한 계시를 이미 받은 자였다. 요한은 또한 말씀을 통해 "주의 길을 곧게 하라고 광야에서 외치는 자의 소리"라는 것도 알고 있었다(요 1:23). 그는 또한 담대하게 "나는 물로 세례를 주거니와 너희 가운데 너희가 알지 못하는 한 사람이 섰으니 곧 내 뒤에 오시는 그이라 나는 그의 신들메 풀기도 감당치 못하겠노라"고 말할 수 있었다(요 1:26, 27). 그는 성령이 비둘기처럼 예수님 위에 내리는 것을 보았고 높은 하늘로부터 "이는 내 사랑하는 아들이요 내 기뻐하는 자라"는 음성도 들었다.

말씀을 통한 계시와 성령을 통한 계시보다 더 실제적이고 확실한 계시가 있겠는가? 요한은 예수님이 그리스도요, 세상 죄를 지고 가는 하나님의 어린양이라는 것을 추호도 의심없이 알고 있었다. 그러나 그 후에 그는 "의심의 도성"에 있는 땅굴 속으로 들어갔다. 우리도 역시 말씀과 성령으로 다음과 같은 진리를 확실히 알고 있다. "모든 성경은 하나님의 감동으로 된 것이다"는 진리와(딤후 3:16), "모든 사람이 죄를 범하였으나", "그의 은혜로 말미암아 값없이 의롭다 함을 얻었다"는 진리와(롬 3:23, 24), "영접하는 자들에게는 하나님의 자녀가 되는 권세를 주셨다"는 진리와(요 1:12), "우리에게 주신 성령으로 말미암아 그가 우리 안에 거하시는 줄을 우리가 아느니라"는 말씀을 잘 알고 있다(요일 3:24). 그럼에도 불구하고 세례 요한처럼 우리에게도 의심의 깊은 훈련이 찾아온다. 어디서 이런 영혼의 그림자가 심령을 파고드는가? 인격을 좀먹는 것이, 마음의 쇠고랑이, 가슴의 절망이 찾아드는가? 세례 요한의 경험을 통해 중요한 교훈을 받는다. 세례 요한처럼 폭군 헤롯의 잔인한 발굽에 신체적, 정신적으로 밟히게 될 때 "주여 오실 그이가 당신이오니이까"라는 의심에 빠져들게 된다. 건강의 상실은 영혼의 냉엄하고 잔인한 간수이다. 무정한 고통과 떨리는 연약이 어제의 기쁨을 흐리게 하고 다윗처럼 슬픔 중에 호소하게 한다. "나의 환난 날에 내가 주를 찾았으며 밤에는 내 손을 들고 거두지 아니하였으며 내 영혼이 위로받기를 거절하였도다 … 주께서 나로 눈을 붙이지 못하게 하시니 내가 괴로워 말할 수 없나이다 … 주께서 영원히 버리실까 … 그 허락을 영구히 폐하셨는가 하나님이 은혜 베푸심을 잊으셨는가"(시 77:2~9).

행복의 상실이 인간 영혼 깊숙이 파고들 수 있다. 사람과 사람이 교제하는 것이 얼마나 아름답고 서로간의 사랑이 얼마나 힘을 주고 주님과 사람을 섬기는 것이 얼마나 만족스러운지를 요한처럼 우리도 알고 있다. 그러나 풍성한 축복 대신에 잿더미 같은 고통과 가난이요, 주님이 주신 기쁨의 활력 대신에 거듭된 통곡을 인한 연약을, 하나님의 섭리와 보호로 인한 찬양 대신에 절망과 무기력에 눌리게 된다. 그럴 때 우리의 영혼은 싸늘하게 식는다. 연인과 친구가 멀리 떠나버렸다. 우리는 공포의 그늘에 처절히 앉아서 "오실 그이가 당신이오니까 다른 이를 기다리오리이까"라고 울부짖게 되는 것이다.

희망의 상실이 "큰 절망"의 단단한 곤봉이 되어 끊임없이 우리를 부수어 상처와 피투성이로 만든다. 비틀거리며 일어나 의심과 공포를 떨쳐버리려고 하나 무엇 때문에 어떻게 떨쳐버릴 것인가? 희망이 없는 중에 우리는 어느 시인처럼 이렇게 탄식한다.

"진리는 영원히 단두대 위에
악은 영원히 왕좌 위에."

우리 스스로 원한을 풀 수가 없고 남들의 도움을 받을 수도 없다. 환경을 바꿀 수도 없고 정의를 기대할 수도 없다. 내 인생에서 "헤롯"이 조롱하며 잔인하게 압제한다. 우리는 그물 속에 걸렸다. 사람들이 우리 머리 위를 타고 다닌다. 우리는 불과 물을 통과한다. 이런 때에 우리는 "주여 당신이 그분이십니까 당신이 돌아보시나이까" 하고 의심하게 된다.

성결의 상실이 절망과 의심의 어둠 속으로 우리를 몰고갈 수 있다. 요한이 자신의 불순종이나 죄 때문에 헤롯의 감옥에 투옥되었다고 볼 만한 증거는 전혀 없다. 그러나 흔히 우리의 경험 속에서 불신앙이 원인이 되어 절망과 의심에 빠지는 경우가 있다. 하나님의 뜻을 알면서도 자신의 뜻을 고집한다. 성령이 우리의 죄악을 지적하시는데도 우리는 죄를 사랑한다. 마음이 굳어져 영혼이 어두워졌다. 불순종하기 때문에 의심한다. 도덕적이며 육체적이며 영적인 경고의 적신호를 무시하고 지나가기 때문에 지극히 높으신 분의 긍휼을 의심하게 된다. 그것은 우리의 고집과 완악 때문이다. 우리는 범죄하여 넘어진다. "자기의 죄를 숨기는 자는 형통치 못하나 죄를 자복하고 버리는 자는 불쌍히 여김을 받으리라"(잠 28:13).

질병이나 육체의 연약 때문에, 혹은 항상 슬픈 것처럼 느껴지는 우울함 때문에, 혹은 결코 행복이 찾아오지 않을 것이라는 절망 때문에, 혹은 자아를 왕좌에 앉히고 주님을 끌어내리는 불순종 때문에 의심이 올 수 있다. 과거에는 주님의 아름다운 구원과 햇빛 같은 임재를 기뻐했으나 이제는 그의 말씀과 인격과 신실하심과 능력과 심지어는 그의 신분까지 의심하면서 "오실 그이가 당신이오니까 혹은 우리가 다른 이를 기다리오리이까"하고 질문을 던지게 된다.

의심을 떠나 신앙으로 돌아오는 첫 단계는, 자신의 곤경을 주 예수님께 맡기는 것이다. 올바른 태도를 가지고 질문하는 것은 죄가 아니다. 주님 자신도 "어찌하여 나를 버리셨나이까"라고 질문하셨는데 이것은 불신앙의 질문이 아니라 완전한 신뢰와 복종의 질문이었다. 우리는 단호히 자아와 죄악을 버리고 연약과 피곤을 떨치고 진실하게, 양심적으로 주님께로 돌아서야 한다. 주님은 자기 백성을 멸시하시거나 괴롭히시지 않는다. 우리가 곤경에 처할 때 주님은 동정하신다. 우리가 그에게로 나가 긍휼 얻기를 원하신다. 요한처럼 의심과 고통을 주님께로 가져가라.

두 번째 단계는, 주님이 제시하시는 증거를 믿는 것이다. 주님은 세례 요한에게 자신의 행위와 말씀에 대한 답을 보내셨다. 의심하는 도마에게는 "네 손가락을 이리 내밀어 내 손을 보고 네 손을 내밀어 내 옆구리에 넣어보라 그리하고 믿음없는 자가 되지 말고 믿는 자가 되라"고 말씀하셨다(요 20:27). 주님이 우리를 위해 하신 일과 지금까지 다른 사람들을 위해 하신 일을 믿으라. 수세기가 지났으나 그의 말씀은 여전히 진리로 남아있고 앞으로도 날카로운 비판을 던지는 비판의 화살도 막아내고 여전히 진리로 남을 것이다. 하나님의 은총이 아침마다 새롭고 그것이 영원하다. 하나님의 은혜가 흡족하고 하나님의 신실하심은 폐하지 않는다. 자녀들을 시련하거나 절망에 빠지도록 유혹하시지도 않는다. 은을 제련하는 자처럼 그들의 생애에서 불순물을 태워버리시나 버리시지는 않는다. 힘을 주시는 주님의 능력과 도와주시는 주님의 임재와 보호하시는 주님의 평안과 돌아보시는 주님의 섭리를 믿으라.

의심의 어둠을 떠나 신앙의 기쁨으로 나아오는 세 번째 단계는, 주님의 말씀을 믿는 것이다. "믿음은 들음에서 나며 들음은 그리스도의 말씀으로 말미암았느니라"(롬 10:17). 주 예수님은 "만일 네가 하나님의 아들이거든"이라는 유혹자의 의심의 화살을 "기록되었으되"란 말씀으로 막으셨다(마 4:3~11). 하나님의 말씀 위에 든든히 서서 안될 것 같은 환경에도 불구하고 그의 약속을 믿고 꾸준히, 움직이지 말고 두려워하지 않고 모든 은혜의 하나님을 의심케 하는 간교한 비판과 암시를 무시할 때에 주 안에서 강해지는 것이다. 말씀 위에 입각한 믿음을 믿고 질병과 절망과 좌절과 불순종에서 오는 의심을 의심하라. 의심은 무력케 하고 신앙은 활력을 준다. 의심은 좌절케 하고 신앙은 승리를 준다. 의심은 파멸케 하고 신앙은 생명을 준다. 시련 속에서도 의지하는 영혼에게 주님이 증거를 제시하실 때 도마처럼 "나의 주시며 나의 하나님이시니이다"라고 고백하게 되는 것이다. "보지 않고 믿는 자"들의 축복에 동참하게 될 수 있는 것이다(요 20:28, 29).

정직한 의심을 하나님의 말씀과 신앙으로 처리할 때 심신이 훈련을 받아 더 깊은 헌신과 확신을 가지게 될 것이다.

30

인종의 훈련

"보이지 아니하는 자를 보는 것같이 하여 참았으며"(히 11:27).

나를 사랑하겠는가? 신뢰하고 찬양하겠는가?

나의 사랑하는 아들아
내가 너를 푸른 골짜기로
잔잔한 물가로 인도하든
불가로 인도하든
혹은 눈 밑에 조용히 눕게 하든
어떤 기후에도, 먹구름이 몰려와도
바람이 불어도
나를 사랑, 신뢰, 찬양하겠느냐?

오 사랑하는 주님이시여,
나는 어떤 기후에서나
노래하며 나는 새가 아닙니다
이 아래 낮게 누워 있습니다.

그래도 두려워하지 않고
날아오르겠나이다
주님의 사랑 날개 달고
응답하며 숭앙하나이다
주님을 사랑, 신뢰, 찬양하나이다.

— 애미 카마이컬 —

"보이지 아니하는 자를 보는 것같이 하여 참았으며"(히 11:27).

끈기는 인내의 여부를 시험하는 기준이다. 외부의 적으로부터 잔인하게 찢기면서도 자신의 위치를 잃지 않고 내면이 안정을 유지하는 것이 인종의 훈련이다. 반대의 물결이 거세게 일 때 달리고, 위험이 위협할 때 숨고, 거짓되고 불친절한 말을 할 때 대답하는 것도 어렵다. 그러나 공의롭게 판단하실 이에게 만사를 맡기고 주님의 구원을 보기 위해 입을 다물고 조용히 서있는 것은 더 어렵다.

모세는 사막의 악조건 속에서 이 훈련을 받았다. 애굽이 그에게는 신기루에 불과하다는 것이 드러나고 말았다. 바로의 왕궁이 영적인 도움이 되지 못했다. 바로의 공주의 아들이 되어도 영혼 깊숙이 만족이 없었다. 궁중예절이 인내하는 인격을 창조하지 못했다. 모세는 자기의 지위를 거부하고 멸시받는 동족들과 운명을 같이했다. 그러나 동족들은 그를 거절했다. 미디안 광야에서 넓디넓은 사막의 황량함과 고독이 그의 영혼의 훈련에 적절했다.

그러나 어느 날 사막의 훈련은 끝났다. 모세에게 하나님과 사람을 섬기라는 임무가 떨어졌다. 불타는 떨기나무로부터 이러한 명령이 주어졌다. "내가 애굽에 있는 내 백성의 고통을 정녕히 보고 … 이제 내가 너를 바로에게 보내어 너로 내 백성 이스라엘 자손을 애굽에서 인도하여 내게 하리라"(출 3:7, 10). 바로를 피해 도망나왔는데 바로에게 가며, 이스라엘 백성들이 자기를 멸시했는데 그 백성들에게 돌아가겠는가? 결코 그럴 수 없다고 그는 생각했다. 과거에 한

30. 인종의 훈련 ·249·

번 실패했었는데 또 한번 실패하란 말인가? 모세는 거절할 만한 이유가 있었다. "내가 누구관대 바로에게 가며 이스라엘 자손을 애굽에서 인도하여 내리이까"(3:11).

모세의 이 항의에 대해 하나님의 대답은 한 가지 뿐이었다. "내가 정녕 너와 함께 있으리라"(3:12). 아무리 곤란한 일과 문제점과 수치와 불가능이 있다 할지라도 하나님이 함께 하신다는 것만 믿으면 되는 것이었다. 모세는 그것을 믿고 보이지 않는 자를 보이는 것같이 하여 참을 수 있었다.

모세는 바로의 차갑고 따가운 멸시에도 불구하고 참았다. 당시 가장 강력한 대왕 바로가 하나님의 말씀을 가지고 온, 지상에서 가장 온유한 모세에게 이렇게 대답했다. "여호와가 누구관대 내가 그 말을 듣고 이스라엘을 보내겠느냐"(출 5:2). 대왕이 이스라엘의 구원자나 그의 종 모세를 인정할 리 없었다. 당시의 통치자가 미디안의 목자에게 신의 명령이 주어졌음을 알 리가 없었다. 바로는 하나님의 명령과 그 백성들의 진정을 멸시하고 말았다. "나는 여호와를 알지 못하니 이스라엘도 보내지 아니하리라"(출 5:2).

멸시는 우리 영혼 깊숙이 상처를 주고 하나님의 사명을 이행하는 과정에서 우리를 흔들리게 할 수 있다. 멸시를 가슴속에 간직하고 있을 때 그렇게 된다. 그러나 계속 눈을 들어 주님을 바라보며 주님의 명령과 약속을 끈기있게 붙잡으면 멸시도 이길 수 있다. 십자가에 못박히신 주님을 계속 바라보면 세상의 유명하고 무명한 자들의 멸시를 견뎌낼 수가 있다. "너희가 그리스도의 이름으로 욕을 받으면 복있는 자로다 영광의 영 곧 하나님의 영이 너희 위에 계심이라" (벧전 4:14). 남들이 멸시할 때 그리스도를 의지하라!

모세는 백성들의 까닭없는 불평에도 불구하고 참았다(민 11장). 이스라엘 백성들은 하나님의 강한 손과 펴신 팔로 쇠풀무 애굽에서 인도하여 냄을 받았다. 그들은 또한 그 강한 손으로 홍해를 건넜으며, 반석에서 물을 얻었으며, 날마다 일용할 만나를 공급받았으며, 불붙은 시내산 정상으로부터 율법을 받고, 낮에는 구름기둥과 밤에는 불기둥으로 하나님의 임재를 계속 느낄 수 있었다. 그런데 무엇이 부족했는가?

아무것도 부족한 것이 없었으나 그들은 불평했다. 몸에 좋고 먹기 좋은 충분한 양식을 받았으나 그들은 불평했다. "누가 우리에게 고기를 주어 먹게 할꼬 우리가 애굽에 있을 때에는 값없이 생선과 외와 수박과 부추와 파와 마늘들을 먹은 것이 생각나도다"(민 11:4, 5). 그들은 애굽의 부추를 기억하면서도 그 고된 노동은 기억하지 못했다. 애굽의 오이는 기억하면서도 그 잔인한 압박은 기억하지 못했다. 애굽의 마늘을 기억하면서도 애굽 군의 잔인한 학대는 기억하지 못했다. 애굽의 고기는 기억하면서도 악한 바로 왕은 기억하지 못했다. 애굽의 별로 좋지 않은 음식에 대해서는 오래도록 기억하면서도 날마다의 순례길에 하나님이 공급하시는 것은 잠시 기억할 뿐이었다.

이 이유없는 원망이 그들의 지도자 모세의 심장을 뒤집어놓고도 남음이 있었을 것이다. 이유없이 계속 원망하고 서글프게 통곡하고 처량하게 고통스러워하니 이스라엘 진 전체가 지도자를 향한 원망의 소리로 수라장이 되었다. 모세는 이런 상황에서 결정을 내려야 했다. 인내할 것이냐 절망할 것이냐, 든든히 설것이냐 누적되는 불평 앞에 무너질 것이냐, 어떤 희생을 치르고라도 하나님을 따를 것이냐 원망하는 백성들 앞에 굴복할 것이냐가 문제였다. 모세는 불평을 듣고 너무도 괴로워서 혼자 하나님께 이렇게 울부짖었다. "책임이 심히 중하여 나 혼자는 이 모든 백성을 질 수 없나이다"(민 11:14). 하나님은 은혜와 자비를 베푸셔서 이스라엘 백성들 가운데 70인의 장로를 세우시고 그들로 모세와 함께 백성의 짐을 담당하고 모세 혼자 지지 않게 하셨다(민 11:17). 고기를 달라는 백성들의 불평 앞에 하나님은 "여호와의 손이 짧아졌느냐"고 책망하셨다(민 11:23). 모세는 불신하는 백성들의 이유없는 불평을 꾸준히 참을 수 있었다. 그는 그 불평 저 너머에 "내가 친히 가리라 내가 너로 편케 하리라"는 약속을 주신 보이지 아니하시는 분을 바라보았기 때문이다(출 33:14). 이스라엘의 아름다운 악사 다윗 시대나 다윗의 시편을 인용한 시몬 베드로의 시대 훨씬 이전에 모세는 이런 확신을 가지고 있었다. "주의 눈은 의인을 행하시고 그의 귀는 저의 간구에 기울이시되 주의 낯은 악행하는 자들을 행하시느니라 … 너희가 열심으로 선을 행하면 누가 너희를 해하리요"(벧전 3:12, 13; 시 34:15). 남들이 불평할 때 그리스도를 의지하라!

모세는 가장 가까운 사람들의 비판에도 불구하고 인내했다(민 12장). 세상 사람들의 멸시나 약한 자들의 불평은 그런 대로 무시하고 살 수 있지만 혈육으로부터 오는 충격이나 상처는 여간 참기 힘든 것이 아니다. "미리암과 아론이 모세를 비방하니라"(민 12:1). 이번에는 하나님을 무시하는 군중들의 비판이 아니라 누이와 형님의 비판이었다. 백성들은 부추와 마늘을 달라고 원망하면서 음식에 대해 불평했다. 미리암과 아론은 모세가 구스 여자를 취했다 해서 비판했다. 이런 비판은 "온유함이 지면의 모든 사람보다 승한" 모세와 같은 사람도 깊은 상처를 받을 수 밖에 없는 비판이었다. 가족들이 주는 상처보다 더 깊은 상처는 없고 형제가 쏘는 화살보다 더 아픈 화살은 없다.

주님도 사랑하는 가족들의 배반이 가져다 주는 고통을 알고 계셨다. "내가 온 것은 사람이 그 아비와 딸이 어미와 며느리가 시어머니와 불화하게 하려 함이니 사람의 원수가 자기 집안 식구리라"(마 10:35, 36). 주님은 친속들이 자기를 미쳤다고 믿고 군중들로부터 자기를 뽑아내려고 할 때 그 고통을 아셨다(막 3:21). 후에 그들은 그의 어머니와 함께 찾아와서 멀리서 그를 불러냈다(막 3:31). 하나님을 너무 별나게 섬기기 때문에 정신나갔다는 말을 들어본 적이 있는가? 그렇다면 가장 친한 친구들이 미쳤다고 생각할 때 받는 마음의 고통이 무엇임을 어느 정도 짐작할 것이다. 주님의 형제들은 주님을 조소하며 이렇게 말했다. "당신의 행하는 일을 제자들도 보게 여기를 떠나 유대로 가소서"(요 7:3). "이는 그 형제들이라도 예수를 믿지 아니함이러라"(7:5). 우리는 우리의 스승보다 낫지 못하다. 주님이 가족들로부터 날카로운 비판을 받으셨다면—모세가 그렇듯이—우리도 가족들로부터 비판을 받을 것이다. 사랑하는 자들이 비판할 때 십자가를 지신 인정 많으신 주님을 의지하라!

모세는 가나안 땅을 정탐하고 돌아온 비겁한 지도자들 때문에 야기된 혼란과 소동에도 불구하고 인내했다. 그들은 실로 젖과 꿀이 흐르는 약속의 땅을 살펴보고 돌아왔다(민 13:27). 그 땅은 어디로 보나 아름다운 땅이었으나 그 땅의 백성이 너무 강해서 감히 그들에게로 침략해 들어갈 수가 없을 것 같았다. 따라서 열 명의 정탐꾼은 그 땅을 악평했다(13:32). 갈렙과 여호수아의 항의에도 불구하고 이스라엘 백성들은 "소리를 높여 부르짖으며 밤새도록 … 곡하였더라 … 다 모세와 아론을 원망하며 … 우리가 한 장관을 세우고 애굽으로 돌아가자 하매"(민 14:1, 2, 4).

남들이 혼란과 소동을 일으킬 때에 지도자의 인종이 강력하게 요구되는 것이다. 루다드 기플링은 인간의 본성을 깊이 통찰하며 다음과 같이 불후의 명작을 남겨 만인에게 도전하고 있다.

만 일

주변의 모든 사람들이 이성을 잃고
네게 원망을 퍼부을 때 평정을 유지할 수 있다면
모든 사람들이 너를 의심할 때
굳은 신념으로 그들의 의심을 받아줄 수 있다면
기다리면서도 기다림에 지치지 않고
속임을 받으면서도 속이지 않고

미움을 받으면서도 미워하지 않고
그러면서도 잘난 체하거나
지혜로운 체하지 않을 수 있다면.

꿈을 꾸면서도
꿈을 스승으로 삼지 않을 수 있다면
생각을 하면서도 자신의 생각을
목표로 삼지 않을 수 있다면
승리와 재앙을 겪으면서도
승리와 재앙을 감당할 수 있다면
네가 말한 진리가 오히려 협잡꾼들에 의해
함정이 되어 돌아오는 것을 감당할 수 있다면
혹은 인생을 던져 투자한 일들이
깨어진 것을 보면서 다시 숙여
낡아빠진 도구로 재건할 수 있다면
군중과 담화하면서도 미덕을 지킬 수 있고
왕들과 동행하면서도 뽐내지 않을 수 있다면
적들도 친구들도 네게 상처를 줄 수 없다면
모든 사람들과 통하면서도 그들을 너무 의지하지 않는다면
용서할 줄 모르는 1분을
60초의 간격으로 달릴 수 있다면 ―
온 땅과 거기 있는 모든 것이 너의 것이며
더욱이 너는 인간 나의 아들이 되리라!

    모든 사람들이 실망해서 원망해 올 때도 자신을 지킨다는 것은 참으로 어려운 것이다. 그러나 그때가 "죄인들의 이같이 자기에게 거역한 일을 참으신 자를 생각하며" 인내해야 할 시간이다(히 12:3). 남들이 정죄할 때 믿음의 주요 온전케 하시는 분이신 십자가 지신 그리스도를 의지하라!
    세상의 멸시, 군중의 불평, 사랑하는 자들의 비판, 두려워하는 자들의 정죄—이 모든 것이 인종의 훈련도구들이 아니겠는가? 모세는

이 훈련을 잘 겪었다. 우리도 그리하자. 고라와 다단과 아비람이 백성의 지도자 250명을 선동해서 모세를 대항한 차갑고 교활한 음모극이 빚어졌다(민 16:1~3). 그들은 깡패들이 아니라 백성 중에 유명한 자들이었다(16:2). 그들의 불평은 동서고금을 막론하고 손아랫사람들이 항상 하는 불평이다. 지도자가 너무 큰 권력을 가지고 있다는 것이었다(16:3). 자기 주변에 있는 사람들에게는 위대한 자들로 보일지 모르지만 정말 하찮은 존재들이었다. 정말 위대한 자들은 묵묵히 지도자를 따르며 기쁘게 임무를 수행할 줄 안다. 하찮은 존재들이 권력을 부릴 자격도 없으면서 권력을 요구한다.

양심도 없이 비굴한 음모를 꾸밀 때 그것을 공포나 분노없이 견디면서 하나님께서 시비를 가리실 것이라고 믿는 것은 인종 훈련이 잘 된 사람의 성품이다. 너무 심각한 위기를 당하면 우리도 모세처럼 땅에 엎드리게 된다(16:4). 그러나 고라 당이 당했듯이 불신앙에 대한 심판이 결국 오고야 말 것이다(16:30~33). 음모자들이 형통하는 것 같아도 하나님은 결국 신원하신다. "대저 행악하는 자는 끊어질 것이나 여호와를 기대하는 자는 땅을 차지하리로다 … 내가 악인의 큰 세력을 본즉 그 본토에 선 푸른 나무의 무성함 같으나 사람이 지날 때에 저가 없어졌으니 내가 찾아도 발견치 못하였도다"(시 37:9, 35, 36). 남들이 음모를 꾸며 지위를 뺏으려 할 때도 그리스도를 의지하라!

이것이 인종의 훈련이다. 온갖 잔인한 고통이 몰려와도 보이지 않는 분을 보는 것같이 하여 참는 것이다. 멸시와 불평과 정죄와 음모를 참는 것이다. 보이지 않는 그리스도께서 결코 버리지 않으실 것이다. 그를 보듯이 하며 행하라. 그의 능력과 모든 악으로부터의 보호를 발견하라. 모든 것을 행한 후에 든든히 서있으라!

31

의무의 훈련

"마음으로 하나님의 뜻을 행하여"(엡 6:6).

헛되지 않도다

반응이 없는 땅에서
지루하게 수고해도 헛되지 않도다
죽음과 같은 희망을 놓고
은밀히 눈물 흘리며 수고해도
모든 것이 헛되다고 기진한 가슴은 소리쳐도
헛되지 않다고 주님 대답하신다
수고하여 나쁠 것은 없으니
믿으라 보기 위해 믿으라.

그대의 노동이 잿더미가 되었는가?
녹이 쇠를 먹듯 고통이 그대를 먹었는가?
날카롭던 삽이 무딘 도구가 되었는가?
인생의 보상이 잿더미와 녹인가?
그런 생각을 죽이고 주님을 믿으라
영혼이 고통스러울 때
그의 신실함을 생각하라.

— 애미 카마이컬 —

"마음으로 하나님의 뜻을 행하여"(엡 6:6).

충실하게 의무를 수행하고 얻는 기쁨보다 더 깊고 더 후련한 기쁨이 있는가? 자신의 책임을 알고 여건을 파악하고 역경이든 순경(順境)이든 의무에 충실하며 부과된 임무를 완수하는 것은 큰 기쁨을 준다. 임무를 발견하는 것과 그것을 수행하는 것 사이에 고되고 힘든, 때로는 불가능한 것과 같은 의무의 훈련이 있다.

사명을 충실히 감당한 사도 바울을 예로 들어보자. "네가 예루살렘에서 나의 일을 증거한 것같이 로마에서도 증거하여야 하리라"(행 23:11). 하나님을 신뢰하고 순종하는 자녀에게는 "모든 신령한 지혜와 총명에 하나님의 뜻을 아는 것으로 채우게 하시고 주께 합당히 행하여 범사에 기쁘시게 할" 가능성이 허락되어 있다(골 1:9~10). 우리는 "어리석은 자가 되지 말고 주의 뜻이 무엇인가 분별해야 한다"(엡 5:17). 우리의 목자되신 주님께서 은혜롭게 인도하실 것이다(시 23:1). "자기 양을 다 내어놓은 후에 앞서가면 양들이 그의 음성을 아는 고로 따라오되"(요 10:4). 하나님의 백성은 항상 그러했다. 아브라함은 보이지 않는 땅을 상속하도록 부르심을 받았고, 요셉은 형제들의 통치자와 후원인이 되도록 부르심을 받았으며, 모세는 포로된 자기 백성을 쇠풀무 애굽에서 인도해 내도록 부르심을 받았고, 다윗은 목동으로 이스라엘 왕이 되도록 기름부음을 받았으며, 바사의 고레스 왕은 예루살렘 중건을 명령하도록 부르심을 받았으며, 마리아는 주님이 그에게 말씀하신 일들이 이루어지는 것을 보도록 부르심을 받았고, 바울은 로마에서도 증거하도록 부르심을 받았다. 우리도 그들처럼 사명을 주셔서 감당하도록 부르신다. 우리의 인생에 대한 하나님의 뜻을 깨닫고 나면 즉시 거기에 반대하는 일들이 발생한다. 인간 영혼의 원수는 지극히 높으신 하나님의 목적을 저지시키기 위해 있는 힘을 다할 것이다. 사명을 받은 바울에게 그 다음날 아침 바로, 악한 자들이 음모를 꾸며 생명을 뺏으려 했다(행 23:12, 13). 다윗이 왕이 되었을 때 모든 블레셋 사람들이 다윗을 잡으러 왔다(삼하 5:17). 느헤미야가 예루살렘 성을 재건하려고 할 때 그것을 저지하기 위해 원수들이 위협과 중상과 음모와 협박을 가했다. 악한 자들이 방해할 뿐만 아니라 선한 사람들도 때로 하나님의 뜻을 오판하여 "이 일이 결코 주님께 있지 아니하리이다"고 한 베드로처럼 행할 수도 있다. 바리새인과 헤롯 당이 주 예수를 죽이려고 했으며(막 3:6) 그의 친구들도 예수님을 미친 줄로 생각하고 붙잡으러 갔다(3:21).

이런 경우에 해당되는 하나님의 말씀은 무엇인가? "사람을 두려워하면 올무에 걸리게 되거니와 여호와를 의지하는 자는 안전하리라"(잠 29:25). 느헤미야는 "나 같은 자가 어찌 도망하겠느냐"고 말할 수 있었다(느 6:11). "내가 과연 너희를 버리지 아니하고 과연 너희를 떠나지 아니하리라 하셨느니라 그러므로 우리가 담대히 가로되 주는 나를 돕는 자시니 내가 무서워 아니하겠노라 사람이 내게 어찌 하리요 하노라"(히 13:5, 6). "무릇 너를 치려고 제조된 기계가 날카롭지 못할 것이라 무릇 일어나 너를 대적하여 송사하는 혀는 네게 정죄를 당하리니 이는 여호와의 종들의 기업이요 이는 그들이 내게서 얻은 의니라 여호와의 말이니라"(사 54:17; 참고, 사 41:10~13; 시 31:17~21; 37:7~11). 주님은 시련받으면서도 신뢰하는 자들에게 피할 길을 내신다. 그는 확실히 은밀한 방법으로 도우신다. 어떤 소년이 바울을 해하려는 음모를 엿들음으로써 바울은 생명을 건지게 되었다. 목동이 물맷돌로 골리앗을 정복했고, 하만이 사형 틀을 세운 후에 잠못 이루는 왕이 모르드개의 선행을 읽게 되었고, 무명의 문둥이 네 사람을 통해 하늘 창문이 열리듯 사마리아의 굶주린 백성들이 양식을 구하게 되었다(왕하 7장). 하나님은 항상 우리의 생명을 "구설의 다툼"에서 보호하시며(시 31:20) 사람의 분노로부터 보호하신다.

우리의 영혼의 교활하고 강인한 원수는 우리가 실패한 것을 들추어 하나님의 뜻을 저지하려고 한다. 바울은 예루살렘에서 가이사랴로 무작정 끌려갔고 그것이 로마행 여행이었다. 법정에 고소되었을 때 변호사도 없었고 뇌물을 살 수도 없었다(행 24:26). 그 결과로 그는 땅굴 감옥 속에 갇혀 꼼짝할 수 없게 되었다. 사람들의 소홀과 이기적인 행동 때문에 바울은 무한정 기다리며 어둠 속에서 고통을 겪게 되었다.

하나님의 자녀들이 흔히 이런 경험을 한다. 모세는 자기 백성에게 거절당해 광야에서 40년을 지냈고, 다윗은 미친 듯 시기하는 사울에 의해 유대의 언덕에서 자고새처럼 사냥을 당했으며, 엘리야는 시냇가에 앉아 있다가 후에 아합이 통치하는 동안 이방인의 가정에서 음식을 얻어먹게 되었고, 바울은 초기에 아라비아와 다소에서 무명한 자로 여러 해를 보냈다. 다윗은 이런 경험을 시편에서 이렇게 읊었다. "내가 모든 대적으로 말미암아 욕을 당하고 내 이웃에게서는 심히 당하니 내 친구가 놀라고 길에서 보는 자가 나를 피하였나이다 내가 잊어버린 바 됨이 사망한 자를 마음에 두지 아니함 같고 파기와 같으니이다"(시 31:11, 12). 결코 두려워 말라. 아무리 소외를 당하고 무관심한 취급을 당해도 허송세월 같은 긴 그늘 밑에서 주님을 의지하면 하나님의 뜻이 결코 깨어지지 아니할 것이다. 땅굴 감옥의 정적이 구원의 노래를 더 아름답고 힘차게 부르도록 할 것이다.

바울은 감옥에서 멸망하지 않았다. 하나님께서 그 "의심의 도성"에서 피할 길을 내셨기 때문이다. 인간이 볼 때는 불필요한 것 같은 이상한 길을 통해서 그 일이 이루어졌다. 사실상 아무런 법적 조치가 없는 상태에서(행 26:32) 바울은 가이사에게 상소할 수밖에 없게 되었다(25:10~12). 이리하여 사람들의 무관심한 취급이 끝난 것이다. 모세는 애굽으로 내려가라는 하나님의 부르심을, 엘리야는 아합에게 보냄을, 다소에서 바울은 안디옥으로 부름을 받았다. 하나님의 시간이 되면 우리는 그의 뜻을 행하러 나가게 될 것이다. 그러나 우리가 계획한 방법대로가 아니라 주님이 보실 때 최선의 길을 통해 주님의 뜻이 이루어질 것이다. 바울은 로마에 가는 형통한 길을 얻도록 하나님의 뜻을 오랫동안 간구해 왔었다(롬 1:10). 그러나 하나님은 위험한 여행을 통해 하나님의 뜻을 이루셨다.

사단이 바울에게 나타난 하나님의 뜻을 저지하기 위해 인간들의 분노나 허송세월 등의 방법을 썼으나 실패했다. 그러나 사단의 술책이 거기서 끝난 것은 아니었다. 사단은 항상 우리로 하나님의 뜻의 핵심에서 벗어나게 한다. 죄수로서 바울은 로마로 가는 배를 탔다. 실상 그는 주님의 죄수였다(엡 3:1; 4:1). 바울의 이런 태도가 모든 것을 뒤바꾸어 놓은 것이다. 우리는 주님의 포로로서 사람들의 멍에를 두려워할 필요가 없다. 우리의 법적인 권리가 발 밑에 짓밟히고 건전한 충고가 헌신짝처럼 버려지고(행 27:11) 우리가 환경의 희생물이 되는 것처럼 느껴질 때도 있다. 바울의 경우 큰 폭풍이 일어 구원받을 모든 소망이 다 끊어져버리기도 했다(행 27:20).

도대체 어찌된 것인가? 수년 전 하나님은 바울에게 "로마로 가라"고 말씀하셨지만 사단은 지금 "익사하라"고 조소한 것이다. 우리의 경우도 인간적인 모든 희망이 사라진 상태에서도 하나님께서 분명히 그 뜻을 보여주셨다는 깊은 확신을 가지고 지식과 능력의 최선을 다해 주님께 순종하는가?

그런 형편에서 바울이 겪은 하나님의 은총이 우리들의 것일 수도 있다. 바울에게 주님의 메시지가 전달되었다. "바울아 두려워 말라 네가 가이사 앞에 서야 하겠다"(행 27:24). 갈릴리 폭풍 중에서 겁에 질린 제자들에게 주님이 말씀한 것과 흡사한 말씀이었다. "안심하라 내니 두려워 말라"(막 6:50). 바울의 경우나 제자들의 경우에 동일한 과정이었다. 주님께서 그들을 폭풍 속에서 건져내시기 전에 폭풍을 그들에게서 제거하셨다. 인생의 폭풍노도 속에서 주님의 세미한 음성, "두려워 말라 네가 그 뜻을 이루어야 하리라"는 음성을 듣게 되기를 바란다. "마침내 사람들이 다 상륙하여 구원을 얻으니라"(행 27:44).

하나님의 종이 임무수행의 과정에서 그만하면 충분한 고통을 겪지 않았는가? 사단은 그렇게 생각하지 않았다. 인간의 진노나 허송세월과 절망의 파도를 피해 나왔지만 사단은 다시금 직접적인 공격을 가해 바울을 죽이려 했다. "뜨거움을 인하여 독사가 나와 그 손을 물고 있는지라"(행 28:3). 독사에게 물렸으니 피할 길이 없었다. 죽을 것이 확실했다.

옛날의 뱀 사단이 하나님의 자녀들을 어떻게 공격하는가? 18년 간 고생한 여인의 경우처럼 질병으로 묶을 수도 있고(눅 13:16), 자기 연민으로(마 16:21~25), 자기 만족으로 "귀신의 정죄"에 빠지도록 할 수도 있다(딤전 3:6). 혹은 데마처럼 세상을 사랑하여 사명을 버리게 할 수도 있다(딤후 4:10). 사단은 재빨리 우리를 공격해서 사명을 감당치 못하도록 하며 우리 삶에 나타나는 하나님의 뜻에 불명예스러운 종말을 고하도록 하려고 공격한다. 사단이 공격할 때 우리는 "성령에 충만하여 보혈을 믿고 주 안에서 강건하여 하나님께 복종하고 사람에게 봉사하며" 그렇게 함으로 사단을 손에서 제거하여 불에 떨어지게 하고 상처를 받지 말아야 한다(행 28:5). 바울의 경우처럼 우리의 경우도 이런 경험이 주님의 구원과 보호를 남들에게 증거하는 계기가 되고 우리 자신은 그의 구원을 인해 더 강해질 것이다. 드디어 하나님의 뜻이 이루어지는 순간이 찾아왔다. 바울은 드디어 로마에 이르렀다(28:16). 우리는 지금도 모세에게 말씀하신 하나님의 말씀을 확실히 믿어야 한다. "내가 친히 가리라 내가 너로 편케 하리라"(출 33:14). 여호수아에게 주신 말씀을 따라 강하고 담대해야 한다. "마음을 강하게 하고 담대히 하라 두려워 말며 놀라지 말라 네가 어디로 가든지 네 하나님 여호와가 너와 함께하느니라"(수 1:9). 또한 바울처럼 다음과 같은 확신을 가져야 한다. "주께서 나를 모든 악한 일에서 건져내시고 또 그의 천국에 들어가도록 구원하시리니 그에게 영광이 세세무궁토록 있을지어다"(딤후 4:18).

의무의 훈련은 쉽거나 가볍지 않으며 의무수행은 고통스럽고 위험하나 의무를 수행하면 큰 기쁨이 생기는 것이다.

영성 훈련

존 아말라지, 제프리 W. 한, 윌리엄 D. 테일러 지음 | 임윤택 옮김 | 신국판 | 600면

이 책은 여러분의 영성에 "새로운 개혁"이 일어나게 하는 데 도움이 되고, 하나님의 선교에 대한 영적 이해를 당신의 문화적 맥락에서 할 수 있는데 도움이 된다. 또한, 당신이 예수님을 향한 "제자도"를 말과 행동으로 표현하는 새로운 방법을 발견할 수 있도록 친절한 가이드가 될 것이다.

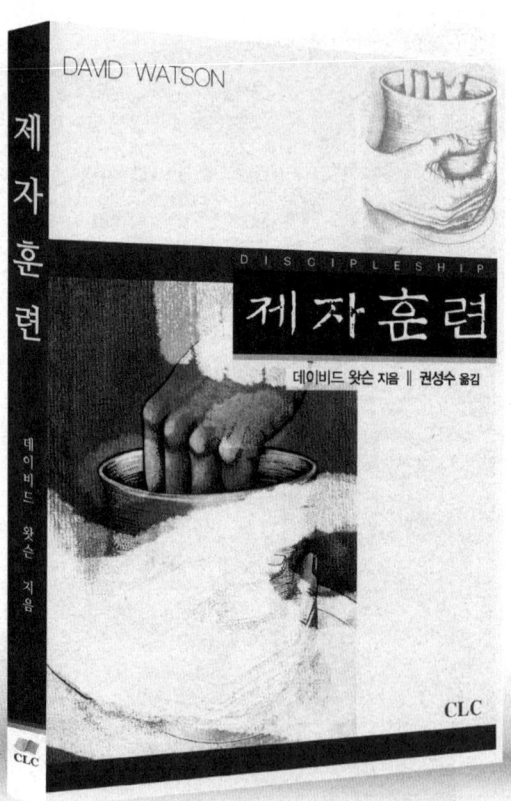

제자훈련

데이비드 왓슨 지음 | 권성수 옮김 | 신국판 | 332면

저자가 복음진리를 직접 체험하고 체득하여 완성한 생명운동에 대해 중점적으로 다루는 제자훈련서다. 생명이 우리 삶 속에서 움직이는 것을 보고 읽는 방법을 익힐 수 있다.

전도훈련

윌리엄 릭 욘트, 마이크 바넷 지음 | 임영택 옮김 | 신국판 | 444면

선교는 단순히 세계 복음화나 복음 전도에 그치지 않으며, 그리스도의 제자가 영적 성숙에 이르도록 하는 사역임을 강조한다. 이에 교차 문화 세계에서 제자 삼는 사역의 성경적, 이론적 기초를 제공하고 실제적인 전략을 구체적으로 나눈다. 특히, 문화 장벽을 극복하고 디사이플러의 효과성을 향상시키는 일곱 가지 특징을 도표, 구체적인 사례와 함께 설명한다

THE DISCIPLINES OF LIFE
Written by V. Raymond Edman, Ph.D., LL.D.
Translated by Sung-Su Guon Th.M., Th.D.
All rights reserved.
Korean Edition Copyright © 2025 by Christian Literature Center, Seoul, Korea.

인생훈련

1993년 5월 30일 초판 발행
2025년 7월 10일 초판 4쇄 발행

| 지 은 이 | 레이몬드 에드만 |
| 옮 긴 이 | 권성수 |

펴 낸 곳	(사)기독교문서선교회
등 록	제16-25호(1980.1.18.)
주 소	서울특별시 동대문구 천호대로71길 39
전 화	02-586-8761~3(본사) 031-942-8761(영업부)
팩 스	02-523-0131(본사) 031-942-8763(영업부)
이 메 일	clckor@gmail.com
홈페이지	www.clcbook.com
송금계좌	기업은행 073-000308-04-020 (사)기독교문서선교회

ISBN 978-89-341-0097-3 (03230)

이 한국어판 출판권은(사)기독교문서선교회가 소유합니다.
신저작권법에 의하여 한국 내에서 보호를 받는 저작물이므로 무단 전재와 무단 복제를 금합니다.